EXPOSITION UNIVERSELLE DE 1900

Catalogue Officiel illustré
de
L'Exposition Rétrospective

NOUVELLE PUBLICATION DE LUXE
ART ET INDUSTRIE
Revue Internationale Illustrée
publiée avec l'autorisation supérieure
DE S. M. L'EMPEREUR NICOLAS II
par la Société Imperiale d'Encouragement aux Arts en Russie
(depuis octobre 1898).

*Rédacteur en chef : **N. P. Sobko.***

Edition spéciale avec traduction Française.

12 LIVRAISONS et 24 SUPPLÉMENTS gr. in-4° par an
(pres de 1000 pages de texte et 500 illustrations).

REPRODUCTION en Eau-forte, Taille-douce, Photogravure, Chromo, etc., hors et dans le texte, exécutées dans les premiers ateliers de la Russie, sous la direction des meilleurs Maîtres.

ABONNEMENT ANNUEL : pour Saint-Pétersbourg, 9 rb.; pour la Russie, 10 rb.; pour l'Etranger 12 rb. (33 fr.). — La livraison : 1 rb. (3 fr.).
Chez tous les libraires et marchands d'estampes.
BUREAU DE LA RÉDACTION : Saint-Pétersbourg, Moika, 83.

Abonnement, Vente et Annonces chez MM. BOYVEAU & CHEVILLET
LIBRAIRES POUR LES LANGUES ETRANGÈRES
22, Rue de la Banque, 22, PARIS (près la Bourse)

TOILE BINANT
PARIS — 70, Rue Rochechouart, 70 — PARIS

TÉLÉPHONE : 212,31

EXPOSITION INTERNATIONAL
DES ARTS INDUSTRIELS EXHIBITION

Paris, 1861 Londres, 1862.

TISSAGE SPÉCIAL A THIBOUVILLE (EURE)
MÉDAILLES AUX EXPOSITIONS UNIVERSELLES
Paris 1867, 1878, 1889
MÉDAILLE D'OR, EXPOSITION INTERNATIONALE BRUXELLES 1897

TOILE PRÉPARÉE
Pour Tableaux, Plafonds, Décorations
ET PEINTURE EN IMITATION DE TAPISSERIES
MAROUFLAGE DE PEINTURES
Dans tous les Monuments publics, Châteaux, Hôtels, Casinos, etc.

EXPOSITION UNIVERSELLE
de
1900

Catalogue illustré officiel
de l'exposition rétrospective de l'art français

DES ORIGINES A 1800

Imp. LEMERCIER & Cie | Ludovic BASCHET, éditeur
rue d'Arcueil (?) | 12 rue de l'Abbaye
PARIS | PARIS

NOUVELLE PUBLICATION DE LUXE
ART ET INDUSTRIE
Revue Internationale Illustrée
publiée avec l'autorisation supérieure
DE S. M. L'EMPEREUR NICOLAS II
par la Société Impériale d'Encouragement aux Arts en Russie
(depuis octobre 1898).

Rédacteur en chef : **N. P. Sobko.**
Edition spéciale avec traduction Française.
12 LIVRAISONS et 24 SUPPLÉMENTS gr. in-4° par an
(*pres de 1000 pages de texte et 500 illustrations*).

REPRODUCTION en Eau-forte, Taille-douce, Photogravure, Chromo, etc., hors et dans le texte, exécutées dans les premiers ateliers de la Russie, sous la direction des meilleurs Maîtres.
ABONNEMENT ANNUEL : pour Saint-Pétersbourg, 9 rb.; pour la Russie, 10 rb.; pour l'Etranger 12 rb. (33 fr.). — La livraison : 1 1b. (3 fr.).
Chez tous les libraires et marchands d'estampes.
BUREAU DE LA RÉDACTION : Saint-Pétersbourg, Moïka, 83.

Abonnement, Vente et Annonces chez MM. BOYVEAU & CHEVILLET
LIBRAIRES POUR LES LANGUES ETRANGÈRES
22, Rue de la Banque, 22, PARIS (près la Bourse)

TOILE BINANT
PARIS — 70, Rue Rochechouart, 70 — PARIS
TÉLÉPHONE : 212,31

EXPOSITION INTERNATIONAL
DES ARTS INDUSTRIELS EXHIBITION

Paris, 1861   Londres, 1862.

TISSAGE SPÉCIAL A THIBOUVILLE (EURE)
MÉDAILLES AUX EXPOSITIONS UNIVERSELLES
Paris 1867, 1878, 1889
MÉDAILLE D'OR, EXPOSITION INTERNATIONALE BRUXELLES 1897

TOILE PRÉPARÉE
Pour Tableaux, Plafonds, Décorations
ET PEINTURE EN IMITATION DE TAPISSERIES
MAROUFLAGE DE PEINTURES
Dans tous les Monuments publics, Châteaux, Hôtels, Casinos, etc.

EXPOSITION UNIVERSELLE DE 1900

Catalogue Officiel illustré
de
L'Exposition Rétrospective

PLAN DU PETIT PALAIS

EXPOSITION UNIVERSELLE DE 1900

Catalogue Officiel illustré

de

L'Exposition Rétrospective

DE L'ART FRANÇAIS

DES ORIGINES A 1800

IMPRIMERIES LEMERCIER ET Cie	LUDOVIC BASCHET, ÉDITEUR
44, RUE VERCINGÉTORIX	12, RUE DE L'ABBAYE
PARIS	PARIS

FAÇADE PRINCIPALE DU PETIT PALAIS.

COLONNADE ET COUR INTÉRIEURE DU PETIT PALAIS

LE DÔME CENTRAL VU DE LA COUR INTÉRIEURE.

M. HENRY ROUJON
Directeur des Beaux-Arts.

M. ÉMILE MOLINIER
Chef des Services des Beaux-Arts.

M. FRANTZ MARCOU
Chef-Adjoint des Services des Beaux-Arts.

LISTE DES COLLECTIONNEURS
COLLABORATEURS
A L'EXPOSITION RÉTROSPECTIVE DE L'ART FRANÇAIS

MM.

Adnot.
Aicard.
André (Alfred).
André (Charles).
Arconati-Visconti (M⁶ᵉ).
Artus.
Auscher.
Auzac de Lamartinie (d').
Badel (Mˡˡᵉ).
Baudelm.

Baume-Pluvinel (Mᵐᵉ de la).
Barbaud.
Bardac (Sigismond).
Barre (Raoul).
Beer (J.).
Beurdeley.
Berard-Gasté.
Bertrand.
Bianchi.
Bixio.

Bizot.
Boisgelin (Mⁱˢ de).
Bossy (Albert).
Bosteaux-Paris.
Boucheron.
Boulanger.
Bourmène (Cᵗᵉ de la).
Boy.
Bureau (Mᵐᵉ).
Bussy (Cᵗᵉ de).

LISTE DES COLLECTIONNEURS (Suite).

MM.
CALVET.
CAMONDO (Cte Isaac DE).
CAMONDO (Cte Moïse DE).
CAMPE.
CAMUS.
CHABRIÈRES-ARLÈS.
CHALANDON (Georges).
CHANDON DE BRIAILLES (Cte).
CHAPPLY.
CHARPENTIER-PAGE.
CHAVANES.
CHENAILLIER.
CORNIL (D^r).
CORROYER.
COTTEREAU.
DALLEMAGNE.
DAUTRESME.
DELAVILLE LE ROULX.
DEUTSCH DE LA MEURTHE (H.).
DIÉTERLE.
DOISTAU.
DOLLFUS.
DOUCET (Mme Agénor).
DONOP DE MONCHY.
DREYFUS (Gustave).
DREYFUS (René).
DREYFUS (Tony).
DRU.
DUVAL.
EPHRUSSI (Michel).
EYMIEU.
FEUILLOLEY.
FITCH.
FITZ-HENRY.
FRANCK (Bernard).
FRANCIS.
FOURNIER-LATOURAILLE.
GANNAY-PALLU.
GARNIER (Paul).
GÉROME.
GILLOT (Charles).
GIRARDOT-DESTABLE.
GOLDSCHMIDT (Léopold).
GRANDJEAN (Mlle).
GREFFULHE (Cte).
GUÉRIN (Edmond).
HAUSSONVILLE (Cte D').
HAVILAND.
HEILBRONNER.
HEMERDINGER.
HENNECART.

HŒNTSCHELL (Georges).
JOLILT.
KANN (Maurice).
KANN (Rodolphe).
KLOTZ (Victor).
KŒCHLIN (Raymond).
KRAEMER (Mme).
LADAN-BOCKARY.
LEBEUF-DE-DIONNE.
LEBLANC-BARBEDIENNE.
LEBRETON (Gaston).
LEDUC.
LEFRANC (Abel).
LEONINO (B^{on}).
LEPEL-COINTET.
LEROY-DUPRÉ.
LEVEL (G.).
LEORIER.
LÉVY (Émile).
LIPPMANN (H.).
LOWENGARD.
LUGUET.
LUNEL.
LUTZ.
MACIET (Jules).
MAIGNAN (Albert).
MANNEVILLE (André DE).
MANNHEIM (Charles)
MANNHEIM (Louis).
MANNHEIM (Mme).
MANTE.
MANZI.
MARCOURT (Mme DE)
MARTIN LE ROY.
MASSION.
MASSON.
MASSOT (Cloud).
MAULDE (DE).
MAY (Ernest).
MAYER (Mme).
MÉNIER (Gaston).
MERLIN (B^{on}).
MÉTRIER.
MEUNIÉ.
MEYNARD (DE).
MICHEL-LÉVY.
MOHL.
MOREAU-NÉLATON.
MOREL (Léon).
MORSENT.
NAY DE MÉZENCE (Mme).

NODET.
OPPENHEIM (B^{on}).
OULTREMONT (Mme D').
PACULY.
PAPILLON (G.).
PAPILLON (Mme).
PÉNICAUD (Mme Georges).
PERROT.
PERSONNAZ.
PICQUET.
PORGÈS (Jules).
POTHUAU.
PROFAT (Jules).
REYRE.
RICARD.
RICHLBÉ (R.).
ROMEUF.
ROTHSCHILD (Bon Alph. DE).
ROTHSCHILD (Bon Edm. DE).
ROTHSCHILD (Bon Gust. DE).
ROTHSCHILD (Bon Henri DE).
ROTHSCHILD (B^{onne} James DE).
RUEFF (Jules).
SAILLY.
SAINVILLE (DE).
SALTING.
SAMPIGNY (DE).
SCHICKLER (Bon Arthur).
SCHIFF.
SCHLICHTING (DE).
SCHNEIDER (Mme).
SCHUTZ (Ferdinand).
SCOTT.
SELIGMANN.
STEIN (Mlle).
STERN (Mme).
TAIGNY (Edmond).
TAYLOR.
TENIER (Hubert).
THEWALT.
THUISY (Mis DE).
THURNEYSSEN (Émile).
TOULGOET-TRÉANNA (Cte DE).
VALENCIA (Cte DE).
VELGHE.
VERDONNET (Cte DE).
VEVER (Henri).
VIAL.
VOGÜÉ (Mis DE).
WALDECK-ROUSSEAU (Mme).

9. — Diptyque, au nom du consul Justinianus.
Ivoire, vi^e siècle.
(M. Sig. Bardac.)

11. — Diptyque monté en reliure.
Ivoire, vi⁰ siècle.
(Bibliothèque de Sens.)

10. — Feuillet de diptyque consulaire.
Ivoire, vi⁰ siècle.
(Musée de Bourges.)

12. — Pyxide
Ivoire, ve siècle.
(Musée d'Antiquités de la Seine-Inférieure.)

13. — Pyxide.
Ivoire, vie siècle.
(Cathédrale de Sens.)

14. — Pyxide.
Ivoire, vɪᵉ siècle; monture, xɪɪᵉ siècle.
(Église de la Voûte-Chilhac — Haute-Loire).

37. — OLIPHANT.
Ivoire, XIe siècle.
(Musée Saint-Raymond, à Toulouse.)

14. — PYXIDE.
Ivoire, VIe siècle.
(Église de la Voûte-Chilhac.)

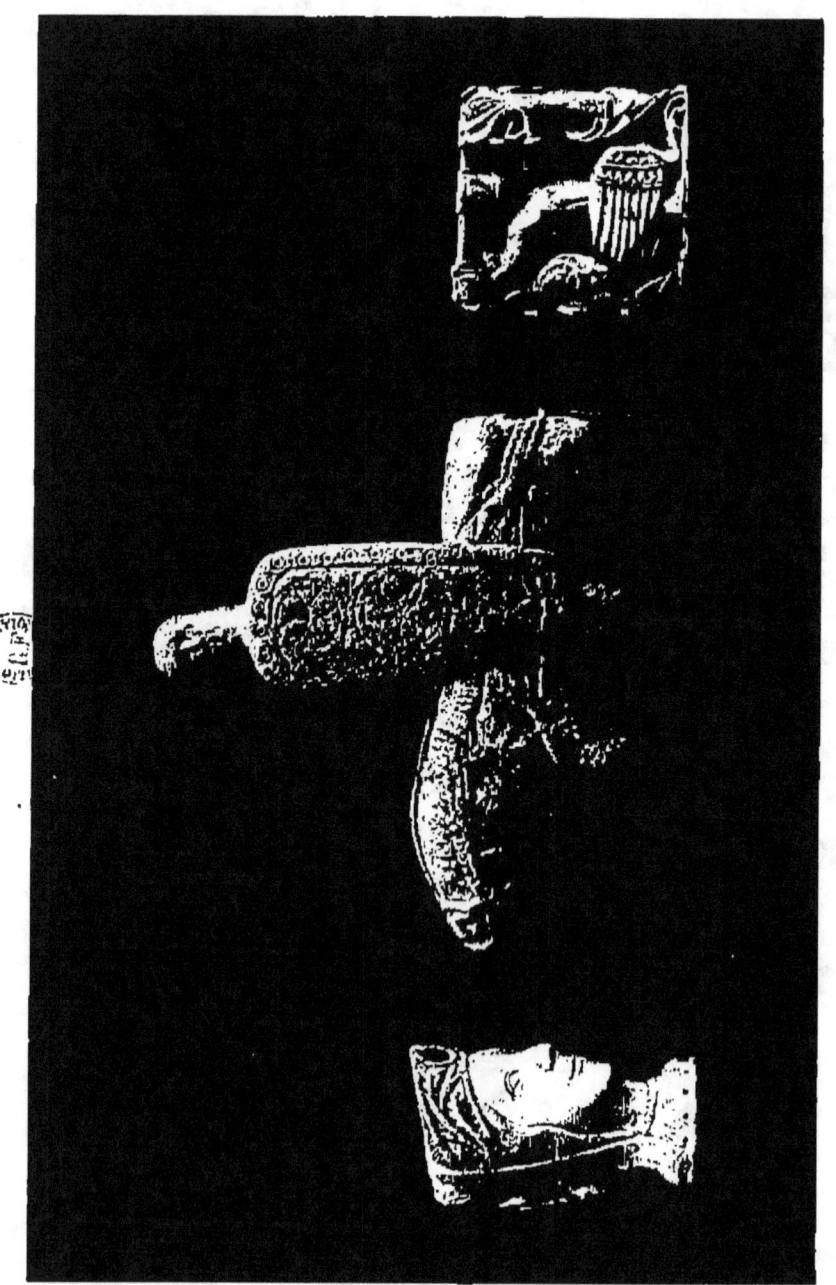

494. — Grain de chapelet. Ivoire, XVIᵉ siècle. (M. Boy.)

46. — Pion d'échiquier. Os de baleine. XIᵉ siècle. (M. Alb. Maignan.)

81. — Pion d'échiquier. Ivoire, XIIIᵉ siècle. (Musée de Compiègne.)

24. — ÉVANGÉLIAIRE DE MORIENVAL.
Ivoire et corne, x* siècle.
(Église Notre-Dame de Noyon.)

32. — Crosse.
Ivoire, XIIe siècle.
(Cathédrale de Vannes.)

31. — Tau.
Ivoire, XIe siècle.
(Musée de Chartres.)

29. — Tau.
Ivoire, XIe siècle.
(Musée d'Antiquités de la Seine-Inférieure.)

65. — LA VIERGE ET L'ENFANT.
Statuette, ivoire, XIIIe siècle. (Église d'Unienville, Aube.)

59. — L'Ange Gabriel de l'Annonciation.
Ivoire. XIIIᵉ siècle.
(M. G. Chalandon.)

58. — LA VIERGE DE L'ANNONCIATION.
Ivoire, XIII° siècle.
(M. P. Garnier.)

91. — La Vierge et l'Enfant.
Statuette, ivoire, xivᵉ siècle.
(M. Boy.)

87. — La Vierge et l'Enfant.
Statuette, ivoire, XIVe siècle.
(Musée des Antiquités de la Seine-Inférieure.)

115. — TRIPTYQUE.
Ivoire, XIVᵉ siècle.
(Hôtel Pincé, à Angers.)

82. — La Vierge et l'Enfant.
Ivoire, xivᵉ siècle.
(Église de Villeneuve-lez-Avignon.)

111. — POLYPTYQUE.
Ivoire, xive siècle.
(M. Boy.)

102. — BOITE. Ivoire, XIVᵉ siècle. (Musée de Dijon.)

171. — COFFRET.
Ivoire, XIVᵉ siècle.
(Musée Saint-Raymond, à Toulouse.)

132. — Diptyque.
Ivoire, xivᵉ siècle.
(M. S. Bardac.)

438. — Diptyque.
Ivoire, xiv siècle.
(M. Boy.)

101. — Reliquaire du chef de saint Romain.
Ivoire et cuivre doré, xivᵉ siècle.
(Cathédrale de Rouen.)

160. — Boîte de miroir.
Ivoire, xiv° siècle.
(Mme la marquise Arconati-Visconti.)

173. — L'ANNONCIATION.
Ivoire, XVᵉ siècle.
(Musée de Langres.)

190. — Couteau et gaine dits Biane de Poitiers.
Ivoire, xvie siècle.
(M. Campe.)

254. — Vénus.
Statuette, bronze. Époque gallo-romaine.
(Musée de Chambéry.)

275. — Apollon.
Statue, bronze. Époque gallo-romaine.
(Musée de Troyes.)

326 bis. — Marteau de porte.
Bronze, XIIe siècle. (Église de Bourbourg, Nord.)

406. — Flambeaux.
Bronze, XIIe siècle.
(M. Chabrières-Arlès.)

329. — Fragment du pied d'un cierge pascal.
Bronze, XIIe siècle.
(Musée de Reims.)

413. — Flambeau.
Bronze, XIIe siècle.
(Musée des Antiquités de la Seine-Inférieure.)

330. — Clochette.
Bronze, XIIe siècle.
(Séminaire de Reims.)

393. — AQUAMANILE.
Bronze, XIIe siècle.
(M. Martin Le Roy.)

396. — Aquamanile.
Bronze, xiiie siècle.
(M. Martin Le Roy.)

404. — AQUAMANILE.
Bronze, XIIIᵉ siècle.
(M. le baron Oppenheim.)

334 bis. — CLOCHE.
Bronze, XIIIᵉ siècle.
(Musée de Melun.)

343. — SAINT HUBERT.
Bronze, XVᵉ siècle.
M. le baron Schickler.)

394. — Aquamanile.
Bronze, xve siècle.
(M. Chabrières-Arlès.)

1661. — Srwax.
Bronze, xvi⁰ siècle.
(Musée d'Aix.)

367. — Lutrins.
Bronze, xviie siècle.
(Eglise Notre-Dame à Poitiers.)   (Eglise de Caudebec-en-Caux.)

946. — Plaque de revêtement.
Terre émaillée par Bernard Palissy.
(Mlle Grandjean.)

959. — Coupe.
Faïence de Saint-Porchaire, xvi° siècle.
(M. Ch. Mannheim.)

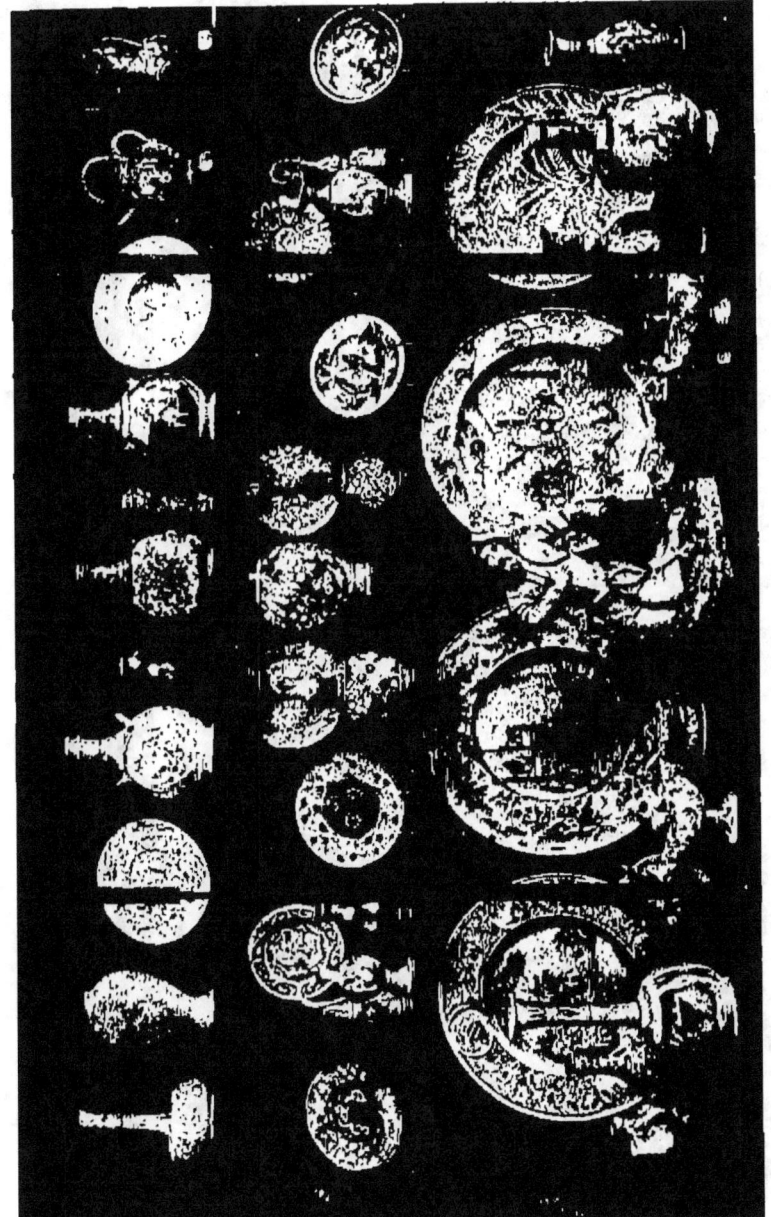

Vitrine.
Faïence de Nevers.
(MM. Ed. Guérin, G. Papillon et Ch. Perrot.)

1004. — Gourde.
(M. G. Papillon.)

1053. — Grande bouteille.
Faïence de Nevers.
(Musée de Nevers.)

984. — Gourde.
(M. G. Papillon.)

967. — Vase.   969. — Buire.   968. — Vase.
Faïence de Nevers.
(M. G. Papillon.)

1077. — Plateau.
Faïence de Rouen.
(M. G. Papillon.)

989. — BOUTEILLE. 1001. — POTICHE. 990. — BOUTEILLE.
Faïence de Nevers.
(M. G. Papillon.)

1197. — FONTAINE.
Faïence de Rouen.
(M. C. Calvet.)

1220. — Vase. 1219. — Vase-pot pourri. 1220. — Vase.
Faïence de Rouen.
(Musée Céramique de Rouen.)

1084. — Assiette.
(M. G. Papillon.)

1195. — Sucrière.
Faïence de Rouen.
(M. C. Calvet.)

1203. — Assiette.
(Musée Céramique de Rouen.)

1087. — Assiette.

1164. — Sucrière.
Faïence de Rouen.
(M. G. Papillon.)

1088. — Assiette.

1192. — Plat.
Faïence de Rouen.
(M. C. Calvet.)

1069. — Plat.
Faïence de Rouen.
(M. G. Papillon.)

Vitrine.
Faïence de Rouen.
(M. G. Papillon.)

1283. — Assiette.
(M. Duval.)

1297. — Buire.
Faïence de Moustiers.
(Musée de Narbonne.)

1284. — Assiette.
(M. Duval.)

1286. — PLAT OVALE.
Faïence de Moustiers.

1397. — Assiette.
(M. Calvet.)

1384. — Jardinière.
Faïence de Marseille.
(M. G. Papillon.)

1388. — Dessous d'écuelle.
(M. Perrot.)

4316. — Plat ovale.
Faïence de Lille.

1418. — Vase.   4427. — Vase pot-pourri.   4417. — Vase.
Faïence de Sceaux.
(M. Perrot.)

1428. — JARDINIÈRE.
Faïence de Sceaux.
(Nᵐᵉ Papillon.)

4568. — Soupière et son plateau. Porcelaine de Sèvres. (M. Doistau.)

1554. VASE.
Porcelaine de Sèvres.
(Mlle Grandjean.)

1553. — POT-POURRI.
Porcelaine de Sèvres.
(Mlle Grandjean.)

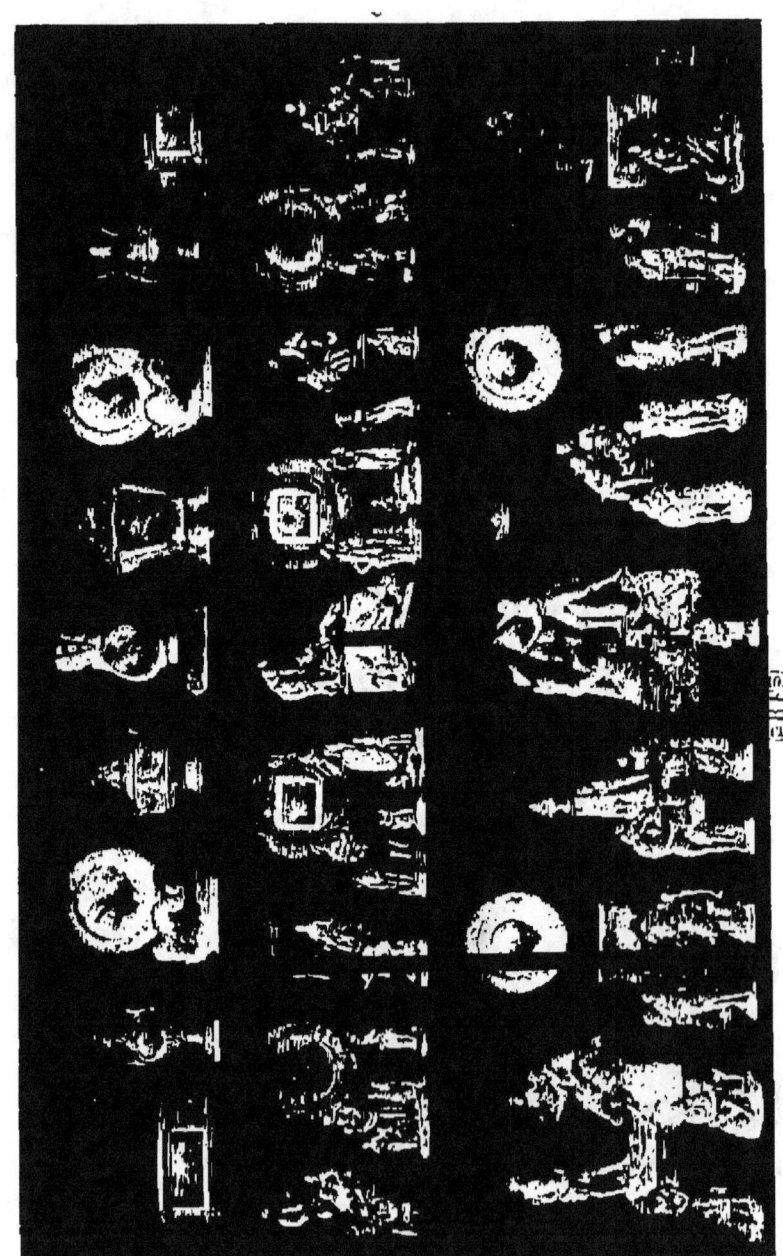

Faïences de Sceaux et de Niederviller, Terres de Lorraine.
(M. Ch. Perrot.)

1941-1942. — Fibules et boucles d'oreilles.
Époque mérovingienne.
(Musée d'Arras.)

4577. — Châsses.
Cuivre doré, VIIe siècle.
(Églises de Saint-Benoît-sur-Loire et de Saint-Bonnet-Avalouze.

1560. — Reliquaire de Pépin d'Aquitaine.
Or, émaux cloisonnés, cabochons, ıx⁰ siècle.
(Église de Conques.)

1578. — Tableau reliquaire.
Argent doré, cabochons, verroteries, VIᵉ au XIIᵉ siècle.
(Église de Conques.)

1579. — TABLEAU RELIQUAIRE.
Argent doré, cabochons, vi⁰ au xii⁰ siècle.
[Église de Conques.]

1582. — Sainte Foy.
Statue d'or, x⁰ siècle.
(Église de Conques.)

1584. — Calice et Patène de l'Église de Saint Gauzelin.
Or sur argent, x⁰ siècle.
(Cathédrale de Nancy.)

1587. — Reliquaire du pape Pascal II.
Argent doré, xie siècle.
(Église de Conques.)

1586. — Reliquaire de Bégon.
Argent doré, xie siècle.
(Église de Conques.)

1581. — A, dit de Charlemagne.
Argent doré, xie siècle.
(Église de Conques.)

2405. — Autel portatif.
Orfèvrerie, albâtre et émaux cloisonnés, xiie siècle.
(Église de Conques.)

19. — Reliure d'évangéliaire. — La Crucifixion (Face).
Ivoire, ixe siècle.
(Église de Gannat.)

19. — Reliure d'évangéliaire (Revers).
Camées, cabochons, émaux.
(Église de Gannat.)

1583. — ÉVANGÉLIAIRE DE SAINT GAUZELIN.
Revers d'argent doré, x⁰ siècle.
(Cathédrale de Nancy.)

1600. — Calice de Saint Rémy.
Or, filigranes, émaux, XII⁰ siècle.
(Cathédrale de Reims.)

1689. — La Vierge et l'Enfant.
Argent, XIIe siècle.
(Église de Beaulieu, Corrèze.)

1614. — Chef-reliquaire de Saint Baudime.
xiie siècle.
(Église de Saint-Nectaire.)

1597. — La Vierge et l'Enfant.
Argent, xiiie siècle.
(Église de Conques.)

2407. — Châsse.
Émaux champlevés, xiie siècle.
(Église de Bellac.)

2409. — Plaques de coffret.
Émaux champlevés. xiie siècle.
(M. S. Bardac.)

2408. — Plaques de châsse.
Émaux champlevés, xiiie siècle.
(M. Sigismond Bardac.)

1592. — Flambeau.
Cristal de roche et bronze doré, xiie siècle.
(M. le baron Oppenheim.)

2561. — Croix d'autel.
Émail champlevé, XIIIᵉ siècle.
(Musée de Chartres.)

1593. — PIED DE CROIX.
Émaux champlevés, XIIe siècle.
(Musée de Saint-Omer.)

2515. — Geoffroy Plantagenet.
Émaux champlevés, xiie siècle.
(Musée du Mans.)

4694. — CHEF-RELIQUAIRE.
Bronze doré, XIIe siècle.
(Église Saint-Remy, à Reims.)

FLABELLUM.
Émaux et bronze doré, XIIIe siècle.
(M. Martin Le Roy.)

1607. — Croix reliquaire.
Argent, filigranes d'or, xiie siècle.
(Musée d'Antiquités de la Seine-Inférieure.)

2512. — Plaques de châsse.
Émaux champlevés, XIIIe siècle.
(Musée de Chartres.)

2469. — Châsse.
Émail champlevé, XIIIe siècle.
(Église de Lamonjoie, Lot-et-Garonne.)

Châsse.
Émail champlevé, XIIIe siècle.
(Église de Pujiac.)

2547. — Châsse de Saint Aignan.
Émaux champlevés, XIIIᵉ siècle.
(Cathédrale de Chartres.)

2517. — Châsse de Saint Aignan.
Face fermée.
(Cathédrale de Chartres.)

CROSSE.
Émail champlevé.
(Église de Saint-Bertrand-de-Comminges.)

2558. — COLOMBE EUCHARISTIQUE.
Émail champlevé, XIIIe siècle.
(M. le comte Gaston Chandon de Briailles.)

2579. — Crosse.
Émail champlevé, XIII° siècle.
(Cathédrale de Poitiers.)

2482. — Châsse.
Émail champlevé, XIII° siècle.
(M. le comte Gaston Chandon de Briailles.)

1596. — Reliquaire.
XIIIᵉ siècle.
(Église de Château-Ponsac, Haute-Vienne.)

1637. — Reliquaire.
xiiie siècle.
(Église d'Arnac-la-Poste, Haute-Vienne.)

2590. — Coffret.
Émaux champlevés, xiiie siècle.
(Musée de Limoges.)

2443. — Châsse.
Émail champlevé, xiiie siècle.
(M. Martin Le Roy.)

1644. — Croix-reliquaire provenant de l'abbaye du Paraclet.
Argent doré, XIIIe siècle.
(Cathédrale d'Amiens.)

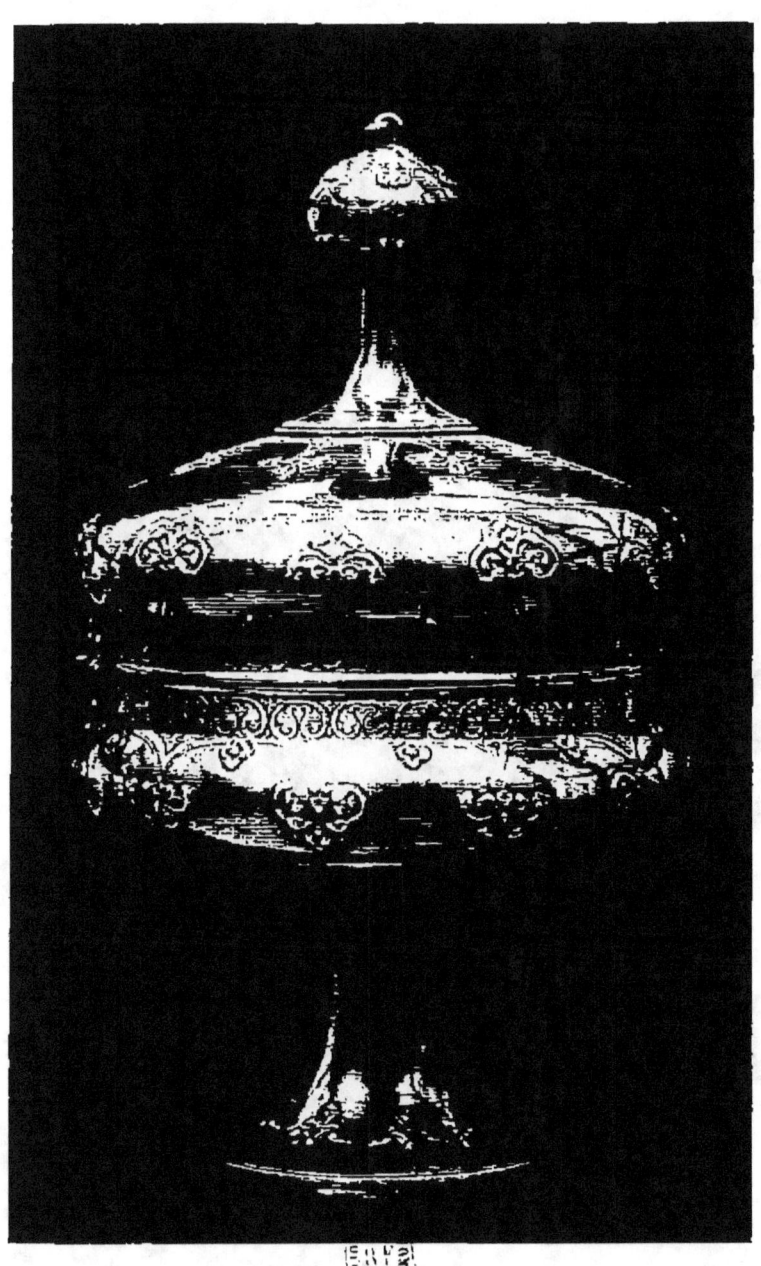

1617. — CIBOIRE.
Argent doré, XIIIe siècle.
(Cathédrale de Sens.)

Triptyque-reliquaire.

1642. — Reliquaire. XIIIe siècle. (Église de Saint-Riquier.)

1599. — Reliquaire de Sainte-Épine. XIIIe siècle. (Religieuses de Notre-Dame d'Arras.)

1643. — Reliquaire. XIIIe siècle. (Église de Saint-Riquier.)

BRAS-RELIQUAIRE.
Argent, XIIIᵉ siècle.
(Église de Crespin, Nord.)

Revers. 1662. — Croix processionnelle. Face.
XIIIe siècle.
(Église de Rouvres, Côte-d'Or.)

1648. — Croix.
XIIIe siècle.
(Église de Blanchefosse, Ardennes.)

1627. — Crosse.
Argent doré, xvᵉ siècle.
(Eglise de Maubeuge.)

1602. — Reliquaire de Saint Samson.
xiiiᵉ siècle.
(Cathédrale de Reims.)

1645. — Couronne reliquaire du Paraclet.
Argent doré, XIIIe siècle.
(Cathédrale d'Amiens.)

1749. — Couronne, dite de Marguerite de Bourgogne.
Cuivre doré, XVe siècle.
(Musée de Dijon.)

1658. — Chef de Saint Adrien.
Argent doré, xiiie siècle.
(Cathédrale de Tours.)

3336. — Couverture d'Évangéliaire.
Ivoire et argent, XIVᵉ siècle.
(Bibliothèque d'Épinal.)

1703. — Buste reliquaire de Saint Dumine.
Cuivre doré, xive siècle.
(Église de Gimel.)

1707. — Sainte Foy.
Argent, xve siècle.
(Église de Conques.)

1686. — Saint André.
Bronze doré, xive siècle.
(Église Saint-André, à Reims.)

BUSTE RELIQUAIRE DE SAINT MARTIN.
Cuivre doré, xv⁺ siècle.
(Église de Sondeilles, Corrèze.)

1679. — Saint Jean et la Vierge.
Or, XVe siècle.
(M. Ed. Corroyer.)

4712. — Châsse.
Cuivre argenté, XVIᵉ siècle.
(Église de Martin.)

MONSTRANCE.
Cuivre doré, xvie siècle.
(Cathédrale de Rouen.)

1767. — Sainte Marthe et la Tarasque.
Argent, xve siècle.
(Église de Lucéram, Alpes-Maritimes.)

1709. — SAINT-NICOLAS.
Cuivre doré, xvᵉ siècle.
(Église Saint-Jacques, à Amiens.)

1746. — SAINT NICOLAS.
Argent, xve siècle.
Église d'Avesnes-le-Comte, Pas-de-Calais.)

LA VIERGE ET L'ENFANT.
Argent, xve siècle.
(Église d'Jivron, Mayenne.)

1715. — CALICE.
Argent doré, xvᵉ siècle.
(Église de Saint-Dalmas de Valdeblore, Alpes-Maritimes.)

1733. — Chef reliquaire de Sainte Fortunade.
Bronze étamé, xve siècle.
(Église de Sainte-Fortunade, Corrèze.)

1697. — Baiser de paix.
Argent doré et émaux translucides, xvie siècle.
(Cathédrale de Nice.)

CALICE.
Argent doré, XVIᵉ siècle.
(Église de Saint-Marc-sur-Couesnon.)

1711. — Saint Christophe.
Argent, XVIᵉ siècle.
(Église de Longpré-les-Corps-Saints, Somme.)

1732. — Croix processionnelle.
Argent doré, xvie siècle.
(Église d'Ahetze, Basses-Pyrénées.)

CALICE.
Argent doré, XVIᵉ siècle.
(Cathédrale de Tours.)

1779. — Plan de Soissons.
Cuivre doré, xvi⁰ siècle.
(Cathédrale de Soissons.)

1782. — Nef.
Nacre et argent doré, xvıe siècle.
(Église de Saint-Nicolas-du-Port.)

1796. — CALICE.
Argent doré, XVIe siècle.
(Église de Plourach, Côtes-du-Nord.)

1812. — CIBOIRE.
Argent doré, XVIe siècle.
(Église de La Riche, Indre-et-Loire.)

1786. — Navette a encens.
Nacre et argent doré, xvie siècle.
(Cathédrale de Chartres.)

1805. — Calice.
Argent doré, XVIIe siècle.
(Grand Séminaire d'Arras.)

1702. — Reliquaire de Saint-Vivien.
Cuivre XIVe siècle.
(Église de Bruyères, Seine-et-Oise.)

1760. — LA RÉSURRECTION.
Vermeil, cuivre doré, émaux, xvi° siècle.
(Cathédrale de Reims.)

1850. — BURETTES
Argent doré, époque de Louis XV.
(Cathédrale de Nancy.)

1827. — Écuelle de chasse du Grand Dauphin.
Vermeil, XVIIe Siècle.
(M. Ed. Corroyer.)

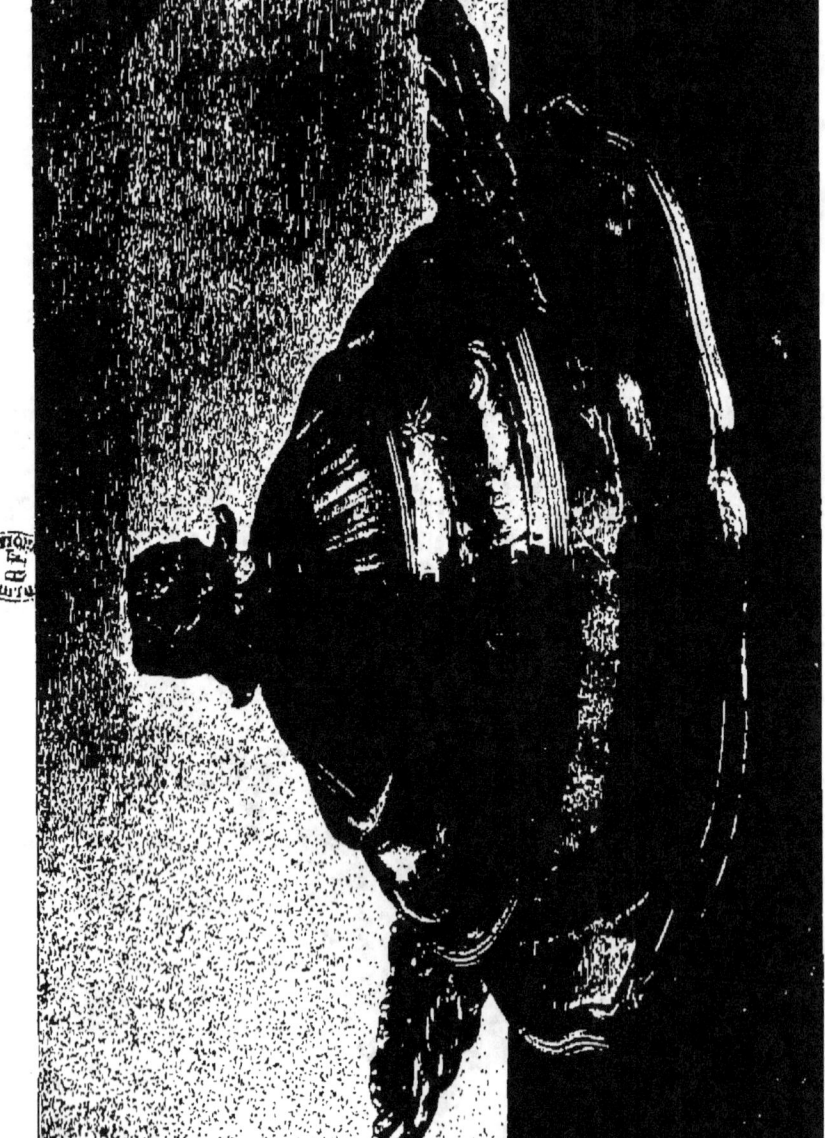

4843. — ÉCUELLE A BOUILLON.
Vermeil, XVIII° siècle.

1842. — Bouilloire et réchaud.
Or, XVIIIe siècle.
(M. Rothan.)

2634. — TRIPTYQUE.
Email peint, xvie siècle.
(Mme Georgiana.)

2277. — STRASBOURG.
Émail peint, XVIe siècle.
(M. Boy.)

2647. — Livre pliant.
Émail peint, xvie siècle.
(M. S. Bardac.)

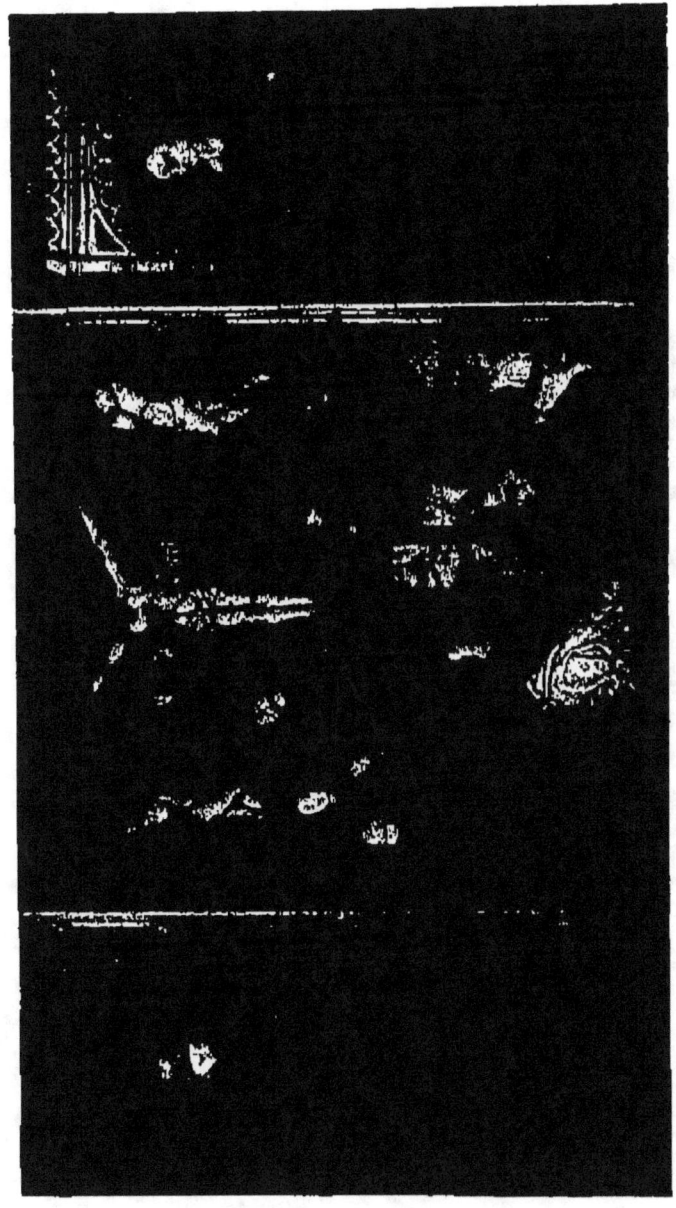

2048. — Triptyque.
Émail peint, xvie siècle.
(M. Cottereau.)

2697. — ÉMAIL PEINT.
xvie siècle.
(M. Boy.)

2695. — ÉMAIL PEINT.
xvie siècle.
(M. Boy.)

2694. — LA CHARITÉ.
Émail peint, XVIe siècle.

2747. — Le Festin des Dieux.
Émail peint, XVIe siècle.
(M. le baron Oppenheim.)

2690. — LES APÔTRES.
Émaux peints, XVIe siècle.
(Église Saint-Père, à Chartres.)

Orfèvrerie religieuse.

PORTE DE LA CATHÉDRALE DU PUY.
Bois peint, XIe siècle.

3029 bis. — Porte de la cathédrale du Puy.
Bois sculpté et peint, xie siècle.

3039. — LA VIERGE ET L'ENFANT.
Bois peint, XIIIᵉ siècle.
(M. Boy.)

3038. — La Vierge et l'Enfant.
Bois, xiii° siècle.
(M. Bossy.)

3056. — LA VIERGE ET L'ENFANT.
Bois, XIIIe siècle.
(Église de Taverny, Seine-et-Oise.)

3043. VIERGE.
Bois, xiv° siècle.
(M. Boy.)

3048. — Statuette.
Bois, xve siècle.
(M. Ed. Corroyer.)

3071. STATUETTE.
Bois, xve siècle.
(M. le baron Oppenheim.)

2853. — *[...]*
Bois. XVIe siècle.

3067. — TÊTE DE CHRIST.
Bois. XVe siècle.

4547. — Triptyque.
Bois sculpté et peint, xv² siècle.
(Église de Theuay, Loir-et-Cher.)

3056 bis. — LUTRIN.
Bois, XVᵉ siècle.
(Église de Puligny, Côte-d'Or.)

2798. — CHAISE.
Bois, xvᵉ siècle.
(M. Boy.)

2847-2854. — Panneaux de coffres.
xvie siècle.
(M. Bov.)

2816. — PANNEAU DE COFFRE.
XVIᵉ siècle.
(Al. Boy.)

2819. — PANNEAU.
Bois, XVIᵉ siècle.
(M. Boy.)

3098. — Sainte Marthe.
Bois, xvie siècle.
(Musée de Château Gontier.)

2813. — Panneau.
Bois, xvie siècle.
(M. Boy.)

2813. — Panneau.
Bois, xvie siècle.
(M. Boy.)

2812. — Devant de coffre.
Bois, xvie siècle.
(M. Boy.)

2815. — PANNEAUX.
Bois, XVIᵉ siècle.
M. Boy.)

2863. — Panneau. Bois, xvie siècle.
(M. Boy.)

2841. — Coffre. Bois, xvie siècle.
(M. Boy.)

2984. — Porte.
Par Hugues Sambin, bois, xviᵉ siècle.
(Musée de Dijon.)

3120. — Modèle d'une clôture du chœur de la cathédrale de Rodez.
Bois, xvi⁰ siècle.
(M. Boy.)

3148. — Lutrin.
Bois, XVIIe siècle.
(Église de Saint-Jouin-de-Marnes, Deux-Sèvres.)

2862. — ARMOIRE.
Par Hugues Sambin, xvie siècle
(Mme la marquise Arconati-Visconti.)

2826. — TABLE.
XVIe siècle.
(Musée de Compiègne.)

2843. — Table.
xvie siècle.
(Musée de Dijon.)

2836. CRÉDENCE.
Bois, xvie siècle.
(M. Chabrières-Arlès.)

2850. — Dressoir.
XVIᵉ siècle.
(Mᵐᵉ la marquise Arconati-Visconti.)

2835 bis. — DRESSOIR.
XVIᵉ siècle.
(M. Chabrières-Arlès.)

2868. — CABINET.
Ébène, xviie siècle.
(Palais de Fontainebleau.)

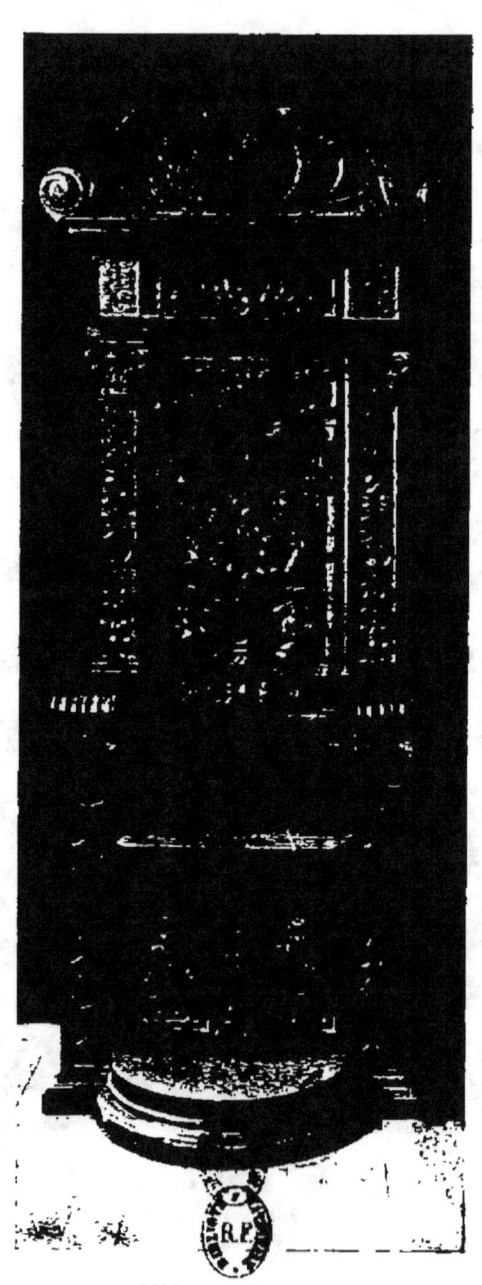

2833. — Chaise.
Bois, xvi⁰ siècle.
(M. Chabrières-Arlès.)

2873-2881 bis. — Torchères.
Bois doré, XVIIe siècle.
(École des Beaux-Arts. — Palais de Fontainebleau.)

4674. — Console.
Bois doré, xviie siècle.

Henri IV.
Bronze.

(Garde-meuble national.)

3014. — COMMODE.
Marqueterie de Boulle, XVIIe siècle.
(Palais de Fontainebleau.)

4681 bis. — Louis XIV.
Fer ciselé.
(M. Doistau.)

2882. — COMMODE.
Marqueterie, XVIIe siècle.
(Garde-meuble national.)

2874. — COMMODE.
Marqueterie de cuivre et d'écaille, par A.-Ch. Boulle.
(Bibliothèque Mazarine.)

2876. — Bureau.
Marqueterie de Boulle, xviie siècle.
(M. Bernard Franck.)

2879 bis. — Régulateur.
Époque de Louis XIV.
(Imprimerie Nationale.)

2881. — HORLOGE A GAINE.
Marqueterie de cuivre et d'écaille, atelier de Boulle.
(Palais de Fontainebleau.)

2886 ARMOIRE.
Bois de rose et bronzes dorés, par Ch. Cressent.
(M. Chappey.)

2888. — SECRÉTAIRE.
Époque de la Régence.
(M. Chappey.)

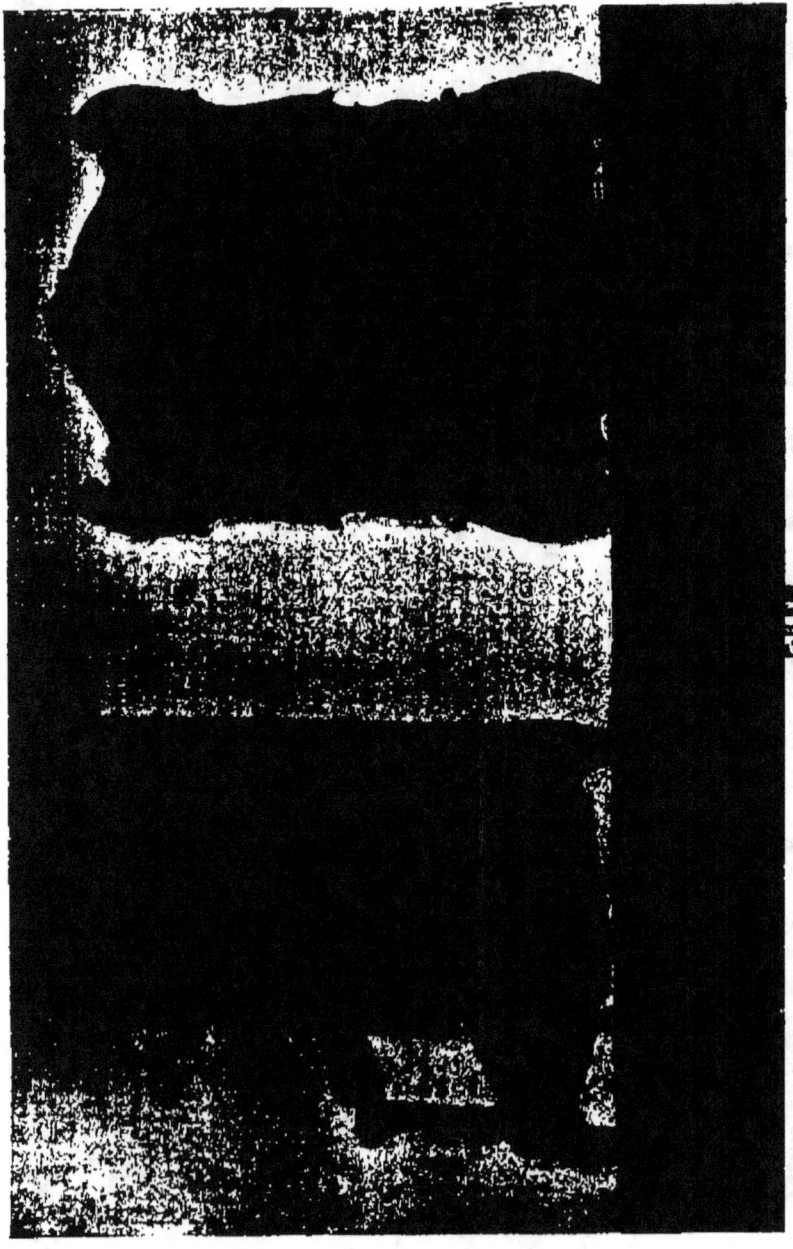

2287-2282. — FAUTEUIL ET ÉCRAN.
Tapisserie et bois turc. — Époque de la Régence.

2887. — Canapé en tapisserie.
Époque de la Régence.
(M. Chappey.)

2907. — Vase.
Porcelaine de la Chine.
(M. Chappey.)

2880. — PENDULE.
Bois doré, époque de la Régence.
(M. Chappey.)

2904. — BUREAU.
Époque de la Régence.
(M. Chapper.)

2803. — SUCRIER.
Époque de la Régence.
(M. Charrey.)

2891. — Lustre.
Bronze doré, époque de la Régence.
(M. Chappey.)

2915. — Médaillier du roi Louis XV.
(Bibliothèque Nationale.)

2945. — Médaillier du roi Louis XV.
(Bibliothèque Nationale).

Commode.
Laque et bronzes dorés, époque de Louis XV.
(Préfecture d'Indre-et-Loire.)

2823. — CHENETS.
Bronze doré, époque de la Régence.
(Palais de Fontainebleau.)

2925. — Cartel.
Bronze doré, par Cressent.
(Hôtel de ville de Marseille.)

2919. — CARTEL.
Époque de Louis XV.
(M. Boucheron.)

2893. — APPLIQUE.
Bronze doré, époque de la Régence.
(M. Chappey.)

2917. — Console.
Bois doré, époque de Louis XV.
(Palais de Fontainebleau).

2912. — Table. Bois doré, époque de Louis XV. (Musée de Narbonne.)

3012. — GUÉRIDON.
Époque de Louis XVI.
(Palais de Fontainebleau.)

2937. — TABLE. Époque de Louis XVI. (M. Scott.)

3301. — Console.
Bois doré, époque de Louis XVI.
(Palais de Fontainebleau.)

2938. — Flambeau.
Bronze doré, époque de Louis XV.
(M. Scott.)

2996. — ÉCRAN.
XVIIIᵉ siècle.
(Palais de Fontainebleau.)

2989. — CHAISE A PORTEURS.
Époque de Louis XV.
(Musée d'Albi.)

2911. — Médaillier.
Par Cressent, xviiie siècle.
(Bibliothèque nationale.)

3002 bis. — Table.
Acajou et bronzes dorés, époque de Louis XVI.
(Garde-meuble national.)

2968. — Bureau.
Par Riesener, époque de Louis XVI.
(Garde-meuble national.)

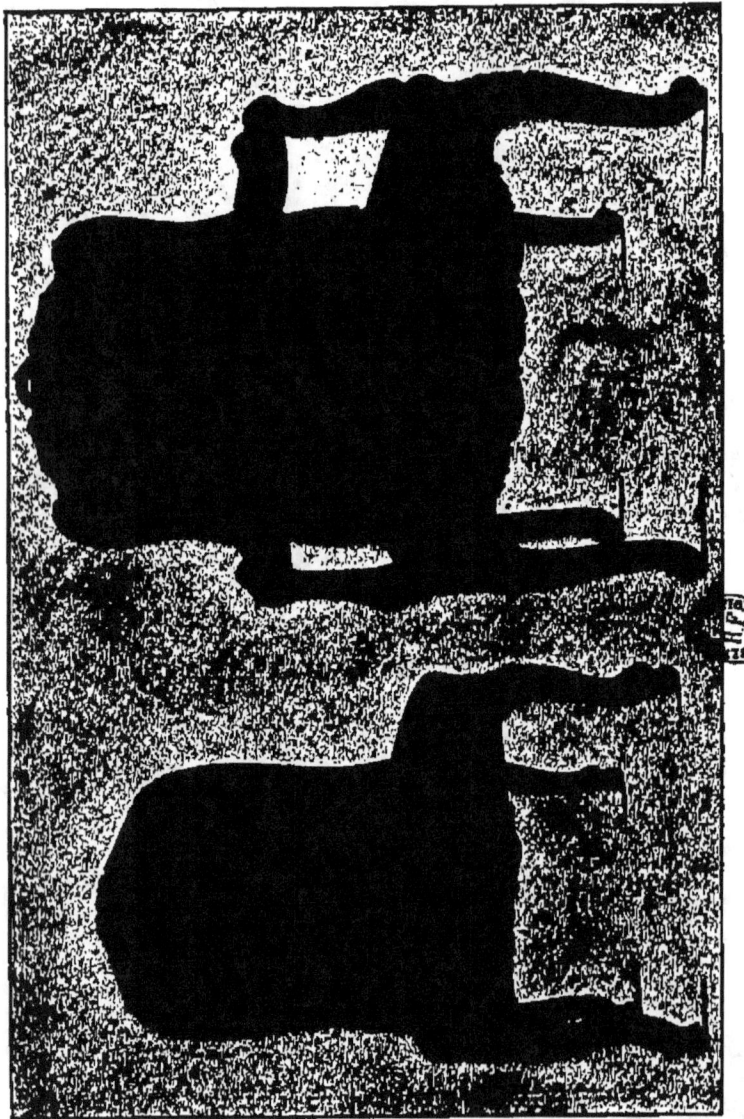

2822. — CHAISE ET FAUTEUIL.
Époque de Louis XV.
(Palais de Fontainebleau.)

2902. COMMODE.
Marqueterie par J.-N. Riesener.
(Palais de Fontainebleau.)

3013. — PENDULE.
Époque de Louis XVI.
(Palais de Fontainebleau.)

2978. — Pendule.
Bronze doré, époque de Louis XVI.
(M. Bianchi.)

2926. — Console.
Bois, xviiie siècle.
(M. Doistau.)

2983 bis. — CONSOLE.
Bois doré, époque de Louis XVI.
(Ministère de l'Intérieur.)

2984. — PENDULE.
Bronze doré et marbre, époque de Louis XVI.
(M. Doistau.)

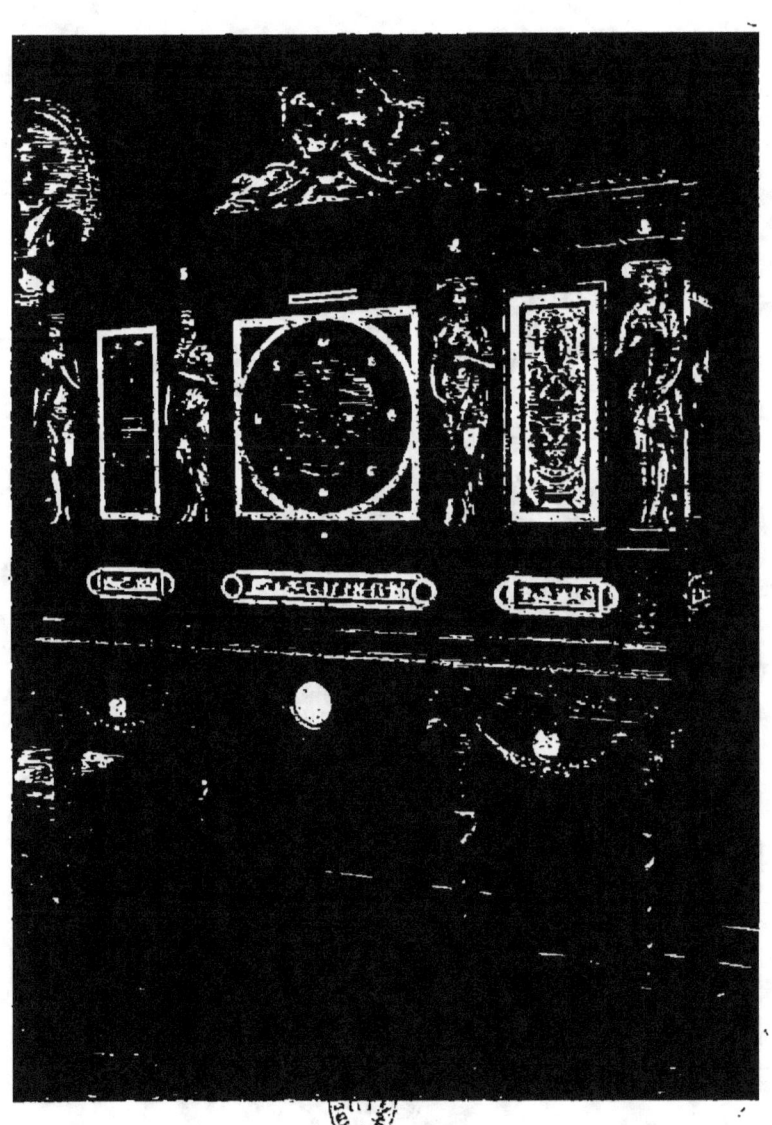

3023. — Armoire a bijoux de Marie-Antoinette.
xviiie siècle.
(Palais de Trianon.)

2998. — FAUTEUIL.
Époque de Louis XVI.
(Palais de Fontainebleau.)

3024. — Appliques.
Bronze doré, xviiie siècle.
(Mlle Grandjean.)

2895. — FLAMBEAUX.
Bronze doré, époque de Louis XVI.
(M. Chappey)

3015 bis. — Fauteuil.
Époque de Louis XVI.
(M. Lutz.)

2969. — FLAMBEAU.
D'après Clodion.
(Garde-meuble national.)

2983. — SECRÉTAIRE.
Époque de Louis XVI.
(M. Scott.)

2993 bis. — SECRÉTAIRE.
Époque de Louis XVI.
(M. Scott.)

2960. — VASE.
Marbre et bronze doré, époque de Louis XVI.
(M. Scott.)

2263. — Commode.
Par Beneman.
(Mobilier national.)

2961. — Vase.
Porcelaine de Sèvres et bronze doré.
(Garde-meuble national.)

2966. — Secrétaire.
Époque de Louis XVI.
(M. Klotz.)

4708. — PENDULE.
Les Trois Grâces, par Falconet.
(M. le comte I. de Camondo.)

3048. — Fauteuil.
Époque de Louis XIII.
(Palais de Fontainebleau.)

3009. — Vase.
Porcelaine de Sèvres, époque de Louis XVI.
(Palais de Fontainebleau.)

2930 bis. — Candélabre.
Bronze, époque de Louis XVI.
(Lycée de Reims.)

TORCHÈRES.
Marbre et bronze doré, par Lorta.
(Garde-meuble national.)

3167. — Parement d'autel.
Tapisserie, XVe siècle.
(Cathédrale de Sens.)

3204. — Tapisserie des Instruments de la Passion.
XVᵉ siècle.
(Cathédrale d'Angers.)

3178. — Parement de retable. Couronnement de la Vierge par le Christ, de Bethsabée par Salomon, d'Esther par Assuérus, tapisserie, xv° siècle. (Cathédrale de Sens.)

3165. — LE BAL DES SAUVAGES.
Tapisserie, XVIe siècle.
(Eglise Notre-Dame de Nantilly, à Saumur.)

3109. — Histoire de Saint-Jean-Baptiste.
Tapisserie, xvie siècle.
(Château de Pau.)

3261. — Chasuble brodée.
xive siècle.
(M. Martin Le Roy.)

3261. — Chasuble brodée.
xive siècle.
(M. Martin le Roy.)

Le repas chez Simon.
Tapisserie des Gobelins, XVIIIe siècle.

3293. — COFFRET.
Cuir incisé et doré, XVe siècle.
(Musée de Clermont-Ferrand.)

4544. — Le Buisson ardent.
Triptyque peint par Nicolas Froment.
(Cathédrale d'Aix.)

4545. — Triptyque.
Pierre II de Bourbon et Anne de Beaujeu, xve siècle.
(Cathédrale de Moulins.)

4553. — Tableau de la Confrérie de Notre-Dame du Puy d'Amiens.
XVIᵉ siècle.
(Musée d'Amiens.)

4553. — Tableau de la Confrérie de Notre-Dame du Puy d'Amiens.
xvie siècle.
(Musée d'Amiens.

4567. — Gaspard de Gueidan.
Par H. Rigaud.
(Musée d'Aix.)

4638. — Saint Bénezet (?)
Statue, marbre, XIVᵉ siècle.
(Musée d'Avignon.)

4674. — BAS-RELIEF.
Marbre, XVIe siècle.
(Église Saint-Nicolas, à Troyes.)

4668. — LA FORCE.
Pierre, xvie siècle.
(M. Raymond Koechlin.)

4673. — La Vierge et l'Enfant.
Marbre par Germain Pilon.
(Eglise de Notre-Dame de la Couture, au Mans.)

4672. — Jean de Morvilliers.
Bronze, par Germain Pilon.
(Lycée d'Orléans.)

350 bis. — Un fleuve.
Bronze, xvie siècle.
(Musée de Châlons-sur-Marne.)

4577. — Le Cardinal de Richelieu.
Bronze, par Varin.
(Bibliothèque Mazarine.)

4727. — LA SURPRISE.
Terre cuite, par Clodion.
(M. Ladan-Bokary.)

4722. — L'Astronomie. — La Géométrie.
Bas-relief, terre cuite, par Clodion.
(Musée de Cherbourg.)

4721. — POMONE.
Terre cuite, par Clodion.
(Musée de Mâcon.)

4721. FLORE.
Terre cuite, par Clodion.
(Musée de Mâcon.)

4694. — Buste de femme.
Terre cuite, xviiie siècle.
(Musée de Nevers.)

4714. — Vénus et l'Amour.
Groupe, marbre, par Falconet.
(M. Boy.)

4715. — BAIGNEUSE.
Cire, par Falconet.
(M. Leblanc-Barbedienne.)

4704. — Madame de Fonville.
Terre cuite, par Defernex.
(Musée du Mans.)

4698. — DANSEUSE.
Marbre, par Loria.
(Palais de Trianon.)

4397. — Danseuse.
Marbre, par Lorta.
(Palais de Trianon.)

Verres.
Époque gallo-romaine.
(M. Boulanger.)

Verrerie
Époque gallo-romaine.
(M. Boulanger.)

Vue d'ensemble.

EXPOSITION RÉTROSPECTIVE

DE

L'ART FRANÇAIS

DES ORIGINES A 1800

I

Ivoires.

1. **Tête de Femme de style grec.** — Musée de Vienne.
2. **Peigne**, époque barbare. Musée de Cambrai.
3. **Peigne en os à deux rangs de dents**, époque barbare. — Musée de Reims.
4. **Peigne**, époque barbare. — Musée de Reims. Collection Habert.
5. **Peigne**, époque barbare. — Société archéologique de Touraine.
6. **Grand Peigne**, époque barbare. — M. Boulanger.
7. **Peigne.** — M. Boulanger.
9. **Dyptique consulaire**, VIe siècle. — M. Sig. Bardac.
10. **Diptyque consulaire**, VIe siècle. — Musée de Bourges.
11. **Diptyque romain**, VIe siècle. — Bibliothèque de Sens.
12. **Pyxide cylindrique**, Ve siècle. — Musée d'antiquités de la Seine-Inférieure.
13. **Pyxide**, VIe siècle. — Cathédrale de Sens.
14. **Deux Pyxides pédiculées**, VIe siècle. — Église de la Voûte-Chilac (Hte-Loire).
15. **La Nativité**, VIe siècle. — Musée archéologique de Nevers.
16. **Petit bas-relief**, VIIIe siècle. — Musée de Besançon.
17. **Ceinture de St Césaire**, VIIIe siècle. — Église de N.-D. de la Major, à Arles.
18. **Feuillet de diptyque**, IXe siècle. — Cathédrale de Nancy.
19. **Reliure d'Évangéliaire**, IXe siècle. — Église de Gannat (Allier).
20. **Grande plaque rectangulaire**, IXe siècle — Musée historique d'Orléans.
21. **Peigne liturgique**, de St Loup, IXe siècle. — Cathédrale de Sens.
22. **Peigne liturgique**, de St Gauzelin, Xe siècle. — Cathédrale de Nancy.
23. **Le Baptême de Clovis**, Xe siècle. — Musée d'Amiens.
24. **Évangéliaire**, de Morienval, Xe siècle. — Ancienne cathédrale de Noyon.
25. **Coffret rectangulaire**, Xe siècle. — Cathédrale de Troyes.
26. **Plaque**, XIe siècle. — M. Campe, à Hambourg.
27. **Le Christ**, XIe siècle — Musée de Compiègne.
28. **Plaque**, Xe ou XIe siècle. — Musée d'antiquités de la Seine-Inférieure.
29. **Tau**, XIe siècle. — Musée d'antiquités de la Seine-Inférieure.
30. **Tau, de l'abbaye de Coulombs**, XIe siècle. — Musée de Chartres.
31. **Tau, de l'abbaye de Coulombs**, XIe siècle. — Musée de Chartres.
32. **Crosse**, XIe siècle. — Cathédrale de Vannes.
33. **Olifant**, XIe siècle. Église Saint-Trophime, à Arles.
34. **Olifant**, XIe siècle. — Musée du Puy.
35. **Olifant de Valmont**, XIe siècle. — Musée d'antiquités de la Seine-Inférieure.
36. **Olifant**, XIe siècle. — Musée Saint-Jean, à Angers.
37. **Olifant**, XIe siècle. — Musée Saint-Raymond, à Toulouse.
38. **Olifant**, XIe siècle — Musée de Clermont-Ferrand.
39. **Fragment de Croix**, XIe siècle. — M. Ch. Mannheim.
40. **Plaque**, XIIe siècle. — Musée d'antiquités de la Seine-Inférieure.
41. **Plaque**, XIIe siècle. — Musée d'antiquités de la Seine-Inférieure.
42. **Reliquaire de Saint-Mandry.** — Église de Colettes (Loir-et-Cher).
43. **Couvercle d'une boîte**, XIIe siècle. — Musée de Clermont-Ferrand.
44. **Pion de tric-trac**, XIIe — Musée de Chartres.
45. **Pion de tric-trac**, XIIe siècle. — Musée de Compiègne.
46. **Pion d'échiquier**, XIe siècle. — M. Alb. Maignan.
47. **Pion d'échiquier**, XIIe siècle. — Musée d'antiquités de la Seine-Inférieure.
48. **Pion d'échiquier**, XIIe siècle. — M. P. Garnier.
49. **Matrice de sceau**, XIIe siècle. — Musée d'Abbeville.

50. Vierge ouvrante, dite de Boubon, xii⁰ siecle. — M. Sailly.
51. Crosse, xii⁰ siecle. — M. Boy.
52. Crosse, xii⁰ siecle. — M. Boy.
53. Crosse, xii⁰ siecle. — Eglise Saint-Trophime, a Arles.
54. Sceau de l'Abbaye de Saint-Bertin, xii⁰ siècle. — Musée de Saint-Omer.
55. La Vierge et St Jean, xii⁰ siecle. — Musée de Saint-Omer.
56. Vierge assise, xii⁰ siecle. — M. Boy.
57. Vierge assisse, fin du xii⁰ siecle. — M. Boy.
58. Vierge de l'Annonciation, xiii⁰ siecle. — M. P. Garnier.
59. Ange de l'Annonciation, xiii⁰ siecle. — M Georges Chalandon.
60. La Nativité, xiii⁰ siecle. — M. Alb. Maignan.
61. La Vierge assise, fin du xiii⁰ siecle. — M. le baron Oppenheim.
62. La Vierge et l'Enfant, fin du xiii⁰ siècle. — M Doistau.
63. La Vierge sur un âne, xiii⁰ siecle. — Musée de Saint-Omer.
64. Vierge, xiii⁰ siecle. — Mᵐᵉ Nodet.
65. La Vierge et l'Enfant Jésus, xiii⁰ siecle. — Eglise d'Unienville (Aube).
67. Christ assis et bénissant, xiii⁰ siecle. — M. Doistau.
68. Groupe d'applique, xiii⁰ siecle. — M. Doistau.
69. Vierge assise, xiii⁰ siecle. — M. Boy.
70. Vierge assise, xiii⁰ siecle. — Musée d'antiquités de la Seine-Inférieure.
71. Crosse, xiii⁰ siècle. — Sigismond Bardac.
72 Crosse, xiii⁰ siecle. — M. Sigismond Bardac.
73 Crosse, de St Loup, xiii⁰ siecle. — Eglise Saint Vincent de Chalon-sur-Saône.
77. Volute d'une crosse, xiii⁰ siecle. — Musée de Chambery.
75. Crosse, fin du xiii⁰ siecle. — M. Ch. Mannheim.
76. Panneau d'un triptyque, xiii⁰-xiv⁰ siecle. — Musée d'Abbeville.
77 Triptyque, fin du xiii⁰ siecle. — Musée historique d'Orleans.
78. Diptyque six compartiments, xiii⁰ siecle. — Musée de Dijon.
79. Petite plaque rectangulaire, xiii⁰ siecle. — M. Ch. Gillot.
80. Petite plaque rectangulaire, xiii⁰ siecle. — M. Ch. Gillot.
81. Pion d Echiquier, xiii⁰ siecle. — Musée de Compiegne.
82. La Vierge et l'Enfant Jésus, xiv⁰ siecle. — Eglise de Villeneuve-lez-Avignon.
83 Plaque rectangulaire, xiv⁰ siecle. — M. Doistau.
84. Vierge assise, xiv⁰ siècle. — M. Martin Le Roy.
85 La Vierge et l'Enfant-Jésus, xiv⁰ siecle. — Musée de Compiegne.
86. La Vierge et l'Enfant, xiv⁰ siecle. — Musée de Narbonne.
87. Deux Vierges, xiv⁰ siècle. — Musée d'antiquites de la Seine-Inferieure.
88. Petite Vierge debout, xiv⁰ siecle. — M. Albert Bossy.
89. Vierge assise, xiv⁰ siecle. — C. Ch. Gillot.
90. La Vierge et l'Enfant debout, xiv⁰ siecle. M. Boy.
91. Vierge assise, xiv⁰ siecle. — M. Boy.
92. La Vierge et l Enfant, xiv⁰ siecle — M Boy.
93. Petite Vierge assise, xiv⁰ siecle — M Doistau
94. Petite Vierge debout, xiv⁰ siècle. — M. Doistau.
95. La Vierge et l'Enfant, xiv⁰ siecle. — M. Doistau.
96. La Vierge assise, xiv⁰ siecle. — M. Ed. Corroyer.
97. La Vierge de l'Annonciation, xiv⁰ siecle. — M. Ed. Corroyer.
98. La Vierge, xiv⁰ siecle. — M Ed Corroyer.
99 La Vierge debout, xiv⁰ siecle. M Ed Corroyer.
100. La Vierge et l'Enfant, xiv⁰ siecle. — M. Cardon, a Bruxelles.
101 Deux petites Figures d'Anges, xiv⁰ siecle. — Cathédrale de Rouen
102 Boite cylindrique, xiv⁰ siecle. — Musée de Dijon.
103 Pyxide circulaire, xiv⁰ siecle. — Musée de Reims.
104 Polyptyque, xiv⁰ siecle. — Musée de Reims.
105 Diptyque, xiv⁰ siècle — M. Ed. Corroyer.
106 Diptyque La Crucifixion, xiv⁰ siecle. — M. Ed. Corroyer.
107 Diptyque, xiv⁰ siècle. — M. Ed. Corroyer.
108. Diptyque, xiv⁰ siecle. — M Alb. Maignan.
109 Diptyque, xiv⁰ siecle. — M. Alb. Maignan.
110. Petit diptyque, xiv⁰ siecle. — M. Ed. Corroyer.
111 Polyptyque, xiv⁰ siècle. — M. Boy.
112. Tetraptyque, xiv⁰ siecle — M. le baron Oppenheim.
113 Triptyque, xiv⁰ siecle. — M. Campe, à Hambourg.
114 Grand triptyque, xiv⁰ siecle. M. Campe, a Hambourg.
115 Triptyque, xiv⁰ siecle. Musée Pincé, à Angers.
116. Triptyque, xiv⁰ siecle. — M. le baron Oppenheim.
117. Triptyque, xiv⁰ siècle. — Musée de Grenoble.
118. Petit feuillet de diptyque, xiv⁰ siecle. — M. Doistau.
119 Diptyque, xiv⁰ siècle. — Musée de Laval
120. Petit diptyque, xiv⁰ siècle. — M. Etienne Moreau-Nélaton.
121. Diptyque, xiv⁰ siecle. — Musée de Dunkerque.

122. Diptyque, xiv° siècle. — M¹¹ᵉ Granjean.
123. Diptyque, xiv° siècle. — Musée Pincé, à Angers.
124. Diptyque, xiv° siècle. — M. Campe, à Hambourg.
125. Diptyque, xiv° siècle. — M. Campe, à Hambourg.
126. Diptyque, xiv° siècle. — M. le baron Oppenheim.
127. Diptyque, xiv° siècle. — Société archéologique de Touraine.
128. Diptique, xiv° siècle. — M. le baron Oppenheim.
129. Petit diptyque, xiv° siècle. — M. le baron Oppenheim.
130. Diptyque, xiv° siècle. — M. le baron Oppenheim.
131. Diptyque, xiv° siècle. — Musée d'Aix.
132. Diptyque, xiv° siècle. — M. Sigismond Bardac.
133. Diptyque, xiv° siècle. — M. P. Garnier.
134. Diptyque, xiv° siècle. M. Ch. Gillot.
135. Diptyque, xiv° siècle. — M. Boy.
136. Diptyque, xiv° siècle. — M. Boy.
137. Petit diptyque, xiv° siècle. — M. Doistau.
138. Feuillet de diptyque, xiv° siècle. — M. Doistau.
139. Triptyque, xiv° siècle. — M. Cottereau.
140. Plaque, sujets d'amour, xiv° siècle. — M. Cottereau.
141. Diptyque, xiv° siècle. — M. Cottereau.
142. Diptyque, xiv° siècle. — M. Cottereau.
143. Vierge et l'Enfant Jésus, xiv° siècle. — M. Cottereau.
144. Feuillet de diptyque, xiv° siècle. — Musée de Langres.
145. Volet de triptyque, xiv° siècle. — Musée d'Abbeville.
146. Plaque de tablettes, xiv° siècle. — M. Ed. Corroyer.
147. Plaque de tablettes, xiv° siècle. — M. Ed. Corroyer.
148. Plaque rectangulaire, xiv° siècle M. Ed. Corroyer.
149. Plaque, xiv° siècle. — M. Ed. Corroyer.
150. Plaque rectangulaire, xiv° siècle. — M. Ed. Corroyer.
151. Feuillet de diptyque, xiv° siècle. — Musée de Compiègne.
152. Crosse, xiv° siècle. — M. Campe, à Hambourg.
153. Crosse, xiv° siècle. — M. J. E. Taylor à Londres.
154. Boîte de miroir, xiv° siècle. — Musée Saint-Jean, à Angers.
155. Boîte de miroir, xiv° siècle. — Musée de l'hôtel Pincé, à Angers.
156. Boîte de miroir, xiv° siècle. — M. George Solting, a Londres.
157. Boîte de miroir, xiv° siècle. — M. le baron Oppenheim.
158. Boîte de miroir, xiv° siècle. — M. Cardon, à Bruxelles.
159. Deux boîtes à miroirs, xiv° siècle. — M. P. Garnier.
160. Boîte de miroir, xiv° siècle. — Mᵐᵉ la marquise Arconati-Visconti.
161. Boîte de miroir, xiv° siècle. — M. Doistau.
162. Boîte de miroir, xiv° siècle. — M. Doistau.
163. Deux apôtres, xiv° siècle. — Museo d'Abbeville.
164. La Vierge, xiv° siècle. — Musée des Monuments historiques, au Mans.
165. Coffret rectangulaire, xiv° siècle. — M. le baron Oppenheim.
166. Petit coffret, xiv° siècle. — M. Ch. Mannheim.
167. Coffret, xiv° siècle. — M. Ch. Mannheim.
168. Coffret, xiv° siècle. — M. P. Garnier.
169. Devant de coffret, xiv° siècle. — M. Doistau.
170. Couvercle de coffret, xiv° siècle. — Musée d'Amiens.
171. Coffret rectangulaire, xiv° siècle. — Musée St-Raymond, à Toulouse.
172. Gravoir, xiv° siècle. — M. Doistau.
173. L'Annonciation, xiv° siècle. — M. Doistau.
174. Sainte Anne, la Vierge et l'Enfant Jésus, xiv° siècle. — Mus. de Compiègne.
175. Vierge, xv° siècle. — Musée d'antiquités de la Seine-Inférieure.
176. Baiser de Paix, xv° siècle. — M. Ed. Corroyer.
177. Petit diptyque monté en argent, xv° siècle. — M. Doistau.
178. Saint Michel et saint Sébastien, xv° siècle. — M. Doistau.
179. Cor, fin du xv° siècle. — M. Campe, à Hambourg.
180. Baiser de paix, xv° siècle. — Musée d'antiquités de la Seine-Inférieure.
181. Boîte de miroir, xv° siècle. — M. Ch. Gillot.
182. Boîte de miroir, xv° siècle. — M. Doistau.
183. Peigne, xv° siècle. — M. Georges Solling, à Londres.
184. Peigne, xv° siècle. — Musée d'Arras.
185. Feuillet de tablette, xiv° siècle. — M. Théwalt.
186. Diptyque, xiv° siècle. — M. Théwalt.
187. Coffret, xiv° siècle. — M. Théwalt.
187 bis. La Flagellation, xiv° siècle. — M. Théwalt.
188. Trois plaques, xv° siècle. — M. Campe a Hambourg.
189. Plaque rectangulaire, xv° siècle. — M. Ed. Corroyer.
190. Coffret rectangulaire. Fin du xv° siècle. — Musée de Bourges.
191. Baiser de paix, xvi° siècle. — M. Ed. Corroyer.

192. Baiser de paix, xvi° siècle. — M. Cardon, à Bruxelles.
193. Baiser de paix, xvi° siècle. — Musée de Saint-Omer.
194. Deux grains de chapelet, xvi° siècle. — M. Boy.
195. Grain de chapelet, xvi° siècle. — M. Boy.
196. Grain de chapelet, xvi° siècle. — M. Boy.
197. Poire à poudre, xvi° siècle. — Musée de Roanne.
198. Grain de chapelet. xvi° siècle. — M. Cottereau.
199. Couteau et gaine, dits de Diane de Poitiers, xvi° siècle. — M. Campe.
200. Boucle d'une ceinture d'abbesse, xvi° siècle. — Musée de Bourges.
201. Poire à poudre, xvii° siècle. — Musée de Clermont-Ferrand.
202. La Vierge, xvii° siècle. — Musée de Cambrai.
203. Appollon et Marsyas, par van Opstal, xvii° siècle. — M. Emile Lévy.
204. Le martyre de saint Barthélemy, 1636. — Musée d'Albi.
205. Taille-plumes, époque Louis XIV. — M. Artus.
206. Grande poire à poudre, xvii° siècle. — Musée de Clermont-Ferrand.
207. Deux petits flambeaux, xvii° siècle. — Musée de Cambrai.
208. Râpe à tabac, xvii° siècle. — M. Ed. Corroyer.
209. Râpe à tabac, xvii° siècle. — M. Ed. Corroyer.
210. Râpe à tabac, époque de Louis XIII. — Musée de Chartres.
211. Râpe à tabac, xvii° siècle. — Musée de Chartres.
212. Cippe, xvii° siècle. — M. Ch. Lacan.
213. Manche de couteau, xvii° siècle. — M. Coiffet.
214. Râpe à tabac, xviii° siècle. — Musée de Dieppe.
215. Râpe à tabac, époque de Louis XV. — Musée d'Amiens.
216. Appollon, xviii° siècle. — Musée de Dieppe.
217. La Marchande de homards, xviii° siècle. — Musée de Dieppe.
218. Les quatre éléments, xviii° siècle. — M. Ch. Coffet.
219. Navettes, en ivoire, xviii° siècle. — Musée de Dieppe.
220. Râpe à tabac, xviii° siècle. — M. Léon Morel.
221. Série d'étuis, découpés à jour ou pleins, xviii° siècle. — Musée de Dieppe.
222. Vase, — Musée de Dieppe.
223. Série de boîtes, xviii° siècle. — Musée de Dieppe.
224. Sifflet, xviii° siècle. — M. Artus.

II

Bronze et Dinanderie. — Plomb. — Étain.

225. Cheval, provenant d'Aubiac, époque gallo-romaine. — Musée d'Agen.
226. Tête de cheval, trouvée à Eyssos, époque gallo-romaine. — Musée d'Agen.
227. Anse de vase, époque gallo-romaine. — Musée de La Roche-sur-Yon.
228. Cruche, époque gallo-romaine. — Musée de La Roche-sur-Yon.
229. Marmite, époque gallo-romaine. — Musée de La Roche-sur-Yon.
230. Lare-Auguste, statuette, époque gallo-romaine. — Musée de Rennes.
231. Jeune femme, statuette, époque gallo-romaine. — Musée de Rennes.
232. Lampe de suspension, époque gallo-romaine. — Musée de Rennes.
233. Mercure, statuette, époque gallo-romaine. — Musée de Rennes.
234. Patère, trouvée à Evaux. — Musée de Guéret.
235. Grande lampe, époque gallo-romaine. — Musée de Guéret.
236. Un paon. — Musée de Lisieux.
237. Deux timons de char, époque gallo-romaine. — Musée de Chalon-sur-Saône.
238. Une lionne, époque gallo-romaine. — Bibliothèque de Bordeaux.
239. Vénus sortant de l'onde; travail grec. — M. Léon Morel.
240. Grand bras, trouvé à Reims. Epoque romaine. — Id.
241. Peson en bronze, représentant un Nubien. — Id.
242. Génie ailé, trouvé à Nivelet, gallo-romains. — Id.
243. Statuette de Mercure, trouvée à Bari (Vaucluse). — Id.
244. Statuette de Mercure, trouvée au Petit-Vavry (Marne). — Id.
245. Petit aigle, trouvé à Reims. — Id.
246. Médaillon, époque gallo-romaine. — Id.
247. Le dieu Sucellus, trouvé à Pernand. — Musée de Beaune.
248. Grande clef, époque gallo-romaine. — Musée de Clermont-Ferrand.
249. Pied d'une statue, époque gallo-romaine. — Musée de Clermont-Ferrand.
250. Petite plaque votive. — Musée de Clermont-Ferrand.
251. Petit taureau, époque gallo-romaine. — Musée de Clermont-Ferrand.
252. Cerf trouvé à Durtol, ép. gallo-romaine. — Musée de Clermont-Ferrand.
253. Tête de Femme tricéphale. — Musée de Clermont-Ferrand.
254. Vénus debout, époque gallo-romaine. — Musée de Chambéry.

255. Lampe en forme de pied. — Musée archéologique de Nevers.
256. Sanglier. — Musée archéologique de Nevers.
257. Miroir en bronze, époque gallo-romaine. — Musée d'Albi.
258. Extrémité d'un timon de char. — Musée de Tarbes.
259. Lionne attaquant un cavalier. — Musée St-Raymond, à Toulouse.
260. Grande lampe à deux becs. — Musée St-Raymond, à Toulouse.
261. Grand sanglier, époque gallo-romaine. — Musée St-Raymond, à Toulouse.
262. Satyre, trouvé à Becourt, époque gallo-romaine. — Musée de Beaune.
263. Tête d'un chef gaulois, trouvée à Lyon. — Musée de Péronne.
264. Grand sanglier, époque gallo-romaine. — Musée de Péronne.
265. Un chien, époque gallo-romaine. — Musée de Péronne.
266. Morphée, époque gallo-romaine. — Musée de Péronne.
267. Hermès, époque gallo-romaine. — Musée de Péronne.
268. Quatre patères, époque gallo-romaine. — M. Coiffet.
269. Une grande assiete. — Id.
270. Deux plateaux. — Id.
271. Un vase à deux anses. — Id.
272. Extrémité d'un timon de char. — Musée de Grenoble.
273. Vénus debout. — Musée de Grenoble.
274. Jupiter Gaulois, grand statuette. — Musée de Grenoble.
275. Apollon, de Vaupoisson (Aube). — Musée de Troyes.
276. Tête de taureau, époque gallo-romaine. — Musée de Troyes.
277. Bœuf, trouvé à Lusigny, époque gallo-romaine. — Musée de Troyes.
278. Jeune enfant, époque gallo-romaine. — Musée de Troyes.
279. Oenochoé, trouvé à Pouan. — Musée de Troyes.
280. Oenochoé, trouvé à Runet. — Musée de Bourges.
281. Oenochoé, époque gallo-romaine. — Musée de Bourges.
282. Deux chaînes de béliéres, époque gauloise. — M. Bosteaux, à Paris.
283. Jupiter Sérapis, trouvé à Cernay-lez-Reims. — M. Bosteaux, à Paris.
284. Jupiter Taramis, trouvé à Berru. — M. Bosteaux, à Paris.
285. Manche de patère, époque gallo-romaine. — Musée de Reims.
286. Vase, époque gallo-romaine. — Musée de Reims.
287. Passoire, époque gallo-romaine. — Musée de Reims.
288. Anse à double mascaron, époque gallo-romaine. — M. Bizot.
289. Manche de patère, trouvé à Vienne. — Musée de Vienne.
290. Hercule combattant, époque gallo-romaine. — M. Bizot.
291. Mercure, époque gallo-romaine. — Musée de Vienne.
292. Petit Dieu Lare, époque gallo-romaine. — Musée de Vienne.
293. Anse de vase, époque gallo-romaine. — Musée de Vienne.
294. Trépied. — M. Bizot, à Vienne.
295. Grande coupe, époque gallo-romaine. — Musée de Reims.
296. Petite figurine d'homme. — Mme Plicque, a Lozoux.
297. Figure d'applique. — Enfant à mi-corps.
298. Main en bronze, époque gallo-romaine.
299. Vase à deux anses, époque gallo-romaine. — M. Lacroix.
300. Personnage sacrifiant, époque gallo-romaine. — Musée de Valenciennes.
301. Bacchante, provenant de Bavay. — Musée de Valenciennes.
302. L'Amour, provenant de Bavay. — Musée de Valenciennes.
303. Mars, époque gallo-romaine. — Musée de Saint-Omer.
304. Tête de sanglier, époque gallo-romaine. — Musée de Staint-Omer.
305. Objets trouvés dans une tombe militaire de Vermand. — M. Boulanger.
306. Garniture de ceinturon de soldat, trouvée à Issy (Aisne).
307. Entrée de serrure d'un coffret en bronze repoussé.
308. Boucle décorée de dauphins, avec plaque en forme de grille.
309. Boucle en bronze, trouvée à Soissons.
310. Mercure, statuette. — Musée des Monuments historiques, au Mans.
311. Timon de char, époque gallo-romaine. — Id.
312. Sacrifiant, époque gallo-romaine. — Musée Pincé, à Angers.
313. Amour courant, époque gallo-romaine. — Musée Pincé, à Angers.
314. Objets trouvés dans un tombeau d'enfant. — Musée de Cahors.
315. Jambe de statuette. — M. Jules Protat, à Mâcon.
316. Tête, trouvée à Lillebonne. — Musée des antiquités de la Seine-Inférieure.
317. Gladiateur, trouvée à Lillebonne. — Id.
318. Taureau, trouvé à Lillebonne. — Id.
319. Mercure, provenant de Sainte-Beuve.
320. Groupe de deux figures d'applique, époque gallo-romaine. — M. d'Avignon.
321. Hercule, époque gallo-romaine. — Musée d'Avignon.
322. Coffret, trouvé à Envermeu. — Musée des antiquités de la Seine-Inférieure.
323. Pied de flambeau, XIe ou XIIe siècle. — M. Alb. Maignan.
324. Partie inférieure d'un encensoir XIIe siècle. — M. Alb. Maignan.
325. Deux têtes de lions de la cathédrale du Puy, XIe siècle.

326. Deux anneaux de porte, xi° siècle. — Eglise de Brioude.
326 bis. Marteau de porte. — Eglise de Bourbourg (Nord).
327. Base de flambeau, xi° siècle. — M. Leopold Goldschmidt.
328. Petit flambeau triangulaire, xii° siècle. — Musée de Reims.
329. Base d'un cierge pascal de l'église St-Rémy, xii° siècle. — Musée de Reims.
330. Clochette à jour, xii° siècle. — Séminaire de Reims.
331. Chandelier pliant, xii° siècle. — Musée d'Amiens.
332. Encensoir, xii° siecle. — Ancienne cathédrale d'Auxerre.
333. Goulot de fontaine, xii° siècle. — M. Boy.
334. Encensoir, xiii° siecle. — M. Ed. Corroyer.
334 bis. Cloche xiii° siècle. — Musée de Melun.
335. Deux figures d'anges du xiii° siècle. — M. le marquis de Vogue.
336. Bouilloire sur trois pieds, xiv° siècle. — M. H. Dallemagne.
337. Vierge en cuivre doré, xiv° siècle. — M. Jules Maciet.
338. Petit ange en cuivre doré, xiv° siècle. — M. Jules Maciet.
339. Deux flambeaux, xv° siècle. — Musée de Calais.
340. Saint Martin et saint Pierre, xv° siecle. — Eglise de Villemaur (Aube).
341. Seau à eau bénite, xv° siecle. — Musée de Clermont Ferrand.
342. Seau à eau bénite, xv° siècle. — Musée Saint-Raymond, a Toulouse.
343. Saint Hubert agenouillé devant le cerf, xv° siècle. — M. le baron A. Schickler.
344. Personnage agenouille, xv° siècle. — M. Jules Maciet.
345. Petit clerc en cuivre doré, xv° siècle. — M. Jules Maciet.
346. Petit personnage accroupi, xv° siècle. — M. Jules Maciet.
347. Aiguière, xv° siècle. — Musée d'antiquités de la Seine-Inférieure.
348. Aigle formant lutrin, xv° siècle. — Eglise Ste-Catherine, à Honfleur.
349. Mortier, 1585. — Hôpital de Besançon.
350. Grand mortier, xvi° siècle. — Musée d'Albi.
350 bis. — Un fleuve, xvi° siècle. — Musée de Châlons-sur-Marne.
351. Plaque funéraire, 1526. — Musée de Péronne.
352. Vénus nue, fin du xvi° siècle. — M. Ch. Mannheim.
352 bis. Sainte assise avec reliquaire. — M. Théwalt.
352 ter. Chasseurs, epoque de Henri II. — M. Théwalt.
352 quater. Niobide agenouillée, xv° siècle. — M. Théwalt.
352 quinter. Marteau de porte, caryatide. — M. Théwalt.
353. Petite baigneuse s'essuyant les pieds, xvi° siecle. — M. Doistau.
354. Jeune homme tirant une épine de son pied, xvi° siècle. — M. Haviland.
355. Femme soutenant son enfant, xvi° siècle. — M. Haviland.
356. Henri II, grand médaillon, xvi° siècle. — Musée du Mans.
358. Hercule domptant un cerf, par Jean de Bologne. — Trianon.
359. Hercule tenant une massue. — Id.
360. Hercule, Déjanire et le centaure Nessus. — Id.
361. Hercule et le sanglier d'Erymanthe. — Id.
362. L'enlèvement de Déjanire. — Id.
363. Apollon. — Id.
364. La Géométrie. — Id.
365. Quatre mortiers, xvi° et xvii° siecles. — M. Coiffet.
366. Boisseau étalon, de Chemillé (1607). — Musée Saint-Jean, à Angers.
367. Lutrin en forme d'aigle, xvii° siècle. — Eglise de Caudebec-en-Caux.
368. Deux mortiers datés 1671 et 1674. — M. H. Dallemagne.
369. Petite figure d'applique, xvii° siècle. — M. H. Dallemagne.
370. Laitière trayant une vache, époque de Louis XIII. — M. Taigny.
371. Servante portant un panier. — M. Ch. Mannheim.
372. Femme allant au marché, époque de Louis XIII. — M. Doistau.
373. Jeune homme debout, époque de Louis XIII. — M. Doistau.
374. Hercule et Antée, époque de Louis XIV. — Musée de Dijon.
375. Vénus debout, xvii° siècle. — Mlle Granjean.
376. Personnage nu, debout et blessé, xvii° siècle. — Trianon.
377. Bacchus et un petit faune, xvii° siècle. — Trianon.
378. La Fortune, xvii° siecle. — Palais du Grand-Trianon.
379. Apollon poursuivant Daphné. — Mlle Granjean.
380. La mort d'Adonis, xvii° siècle. — Mlle Granjean.
381. Le Collin-Maillard, xviii° siècle. — Palais du Grand-Trianon.
382. Enfant, xviii° siècle. — M. Haviland.
383. Laocoon, xviii° siècle. — Musée de Dijon.
384. Apollon et Daphné, xviii° siècle. — Musée de Dijon.
385. Groupe de trois figures, xviii° siècle. — Musée de Dijon.
386. Petit bas-relief, formant frise, époque de Louis XVI. — Mlle Granjean.
387. Plat, xii° siècle. — Musée de Carcassonne.
388. Un lion, fragment de lustre, xv° siècle. — M. Léopold Goldschmidt.
389. Aquamanile, xii° siècle. — M. Sigismond Bardac.

390. **Chandelier**, xii° siècle. — M. le baron Oppenheim.
391. **Chandelier**, xii° siècle. — M. le baron Oppenheim.
392. **Flambeau**, xii° siècle. — M. Leopold Goldschmidt.
393. **Un cavalier**, xii° siècle. — M. George Solting, à Londres.
394. **Aquamanile**, xii° siècle. — M. Chabrières-Arlès.
395. **Aquamanile**, en forme de sirène, xii° siècle. — M. Martin le Roy.
396. **Aquamanile**, xii° siècle. — M. Martin Le Roy.
397. **Flambeau**. Bronze, xii° siècle.— M. Martin Le Roy.
398. **Aquamanile**, xiii° siècle. — M. Martin Le Roy.
399. **Cavalier**, xiii° siècle. — Musée de Rennes.
400. **Minot**, 1820. — Musée de Chartres.
401. **Tête d'homme**, sur trois pieds, xiii° siècle. — M. le baron Oppenheim.
402. **Aquamanile**. Lionne assise, xv° siècle. — M. le baron Oppenheim.
403. **Aquamanile**. Lion, xii° siècle. — M. le baron Oppenheim.
404. **Aquamanile**. Un cavalier, xiv° siècle. — M. le baron Oppenheim.
405. **Aiguière**. Lion accroupi, xiii° siècle. — M. Léopold Goldschmidt.
406. **Paire de petits flambeaux**, xiii° siècle. — M. Chabrières-Arlès.
407. **Bassin**, xiv° siècle. — Musée St-Raymond, à Toulouse.
408. **Bénitier portatif**, xiv° siècle. — Cathédrale de Sens.
409. **Deux aquamaniles**, xiv° siècle. — M. Cardon.
410. **Aquamanile**. Un cheval, xiv° siècle. — M. H. Dallemagne.
411. **Flambeau**, xiv° siècle. — M. Fitz-Henry.
411 *bis*. **Aquamanile**, la Loi d'Aristote, xiv° siècle. — M. Chabrières-Arlès.
412. **Mortier**, xiv° siècle. — Musée de Carcassonne.
413. **Chandelier**, xiv° siècle. — Musée d'antiquités de la Seine-Inférieure.
414. **Mesure à deux anses**, xiv° siècle. — Musée St-Raymond, à Toulouse.
415. **Mesure**, xv° siècle. — Musée St-Raymond, à Toulouse.
416. **Mesure à deux anses**, xv° siècle. — Musée St-Raymond, à Toulouse.
417. **Cavalier monté sur un socle**, xv° siècle. — M. Ch. Gillot.
418. **Chandelier**, figure d'homme, xiv° siècle. — M. Martin Le Roy.
419. **Petit seau à eau bénite**, xv° siècle. — M. Edmond Guérin.
420. **Seau à eau bénite**, xv° siècle. — M. Edmond Guérin.
421. **Seau à eau bénite**, xv° siècle. — M. Edmond Guérin.
422. **Seau à eau bénite**, xv° siècle. — M. Edmond Guérin.
423. **Petit seau à eau bénite**, xv° siècle. — M. Edmond Guérin.
424. **Deux verseuses de lavabos**, xv° siècle. — M. Edmond Guérin.
425. **Petite aiguière**, xv° siècle. — M. Edmond Guérin.
426. **Mortier**, xv° siècle. — M. Edmond Guérin.
427. **Grand chandelier**, xv° siècle. — M. Dru.
428. **Plat**, xv° siècle. — Musée des Antiquités de la Seine-Inférieure.
429. **Petite statuette de la Vierge**, xv° siècle. — Musée de Saint-Omer.
430. **Fontaine cylindrique**, xv° siècle. — M. le baron Oppenheim.
431. **Aiguière**, xv° siècle. — M. Martin Le Roy.
432. **Pot à aumônes**, xv° siècle. — Cathédrale de Beauvais.
433. **Aigle formant lutrin**, xv° siècle. — Église de Rosnay (Aube).
434. **Flambeau à deux bobèches**, xv° siècle. — M. Ed. Cortoyer.
435. **Sceau à eau bénite**, xv° siècle. — M. Edmond Guérin.
436. **Boisseau de la ville d'Angers**, 1529. — Musée Saint-Jean, à Angers.
437. **Mesure de capacité de Conques** [1541]. — Musée de Rodez.
438. **Marmite**, xvi° siècle. — Musée de Clermont-Ferrand.
439. **Plat**. — L'Annonciation, xvi° siècle. — Musée d'Amiens.
440. **Plat**. — La Vierge, xvi° siècle. — Musée d'Amiens.
441. **Plat**. — La Mort, xvi° siècle. — Musée de Péronne.
442. **Pinte**, xvii° siècle. — Musée Saint-Jean, à Angers.
443. **Cuve baptismale**, plomb, xiii° siècle. — Église de Lombez.
444. **Cuve baptismale** plomb, xiii° siècle. — Église de Puycasquier (Lot).
445. **Cuve rectangulaire en plomb**, xiv° siècle. — Musée d'Albi.
446. **Seau cylindrique en plomb**, xv° siècle. — M. H. Dallemagne.
447. **Cuve baptismale plomb**, xv° siècle. — Musée d'Amiens.
448. **Deux cuves cylindriques**, xv° siècle. — Musée de Rodez.
449. **Grande plaque faîtière**, plomb, xvi° siècle. — Musée de Roanne.
450. **Deux assiettes en étain**, xiii° siècle. — Musée de l'Hôtel de Ville de Saintes.
451. **Fragment de pavage pierre incrustée de plomb**, xvi° siècle. — Musée de Reims.
452. **Paire de chandeliers en étain**, par F. Briot, xvi° siècle. — M. Sig. Bardac.
453. **Aiguière et son bassin en étain**, par Fr. Briot. — M. Henri Vever.
454. **Grande mesure de la ville du Mans**, xvii° siècle. — Musée du Mans.

III

Fer et Armes. — Coutellerie. — Serrurerie.

455. Cloche de Sainte-Godeberthe, vii° siècle. — Cathédrale de Noyon.
456. Coffret en fer forgé, xiii° siècle. — Musée de la Roche-sur-Yon.
457. Deux peintures, xiii° siècle. — Musée d'Amiens.
458. Grand bénitier en fer forgé, xiii° siècle. — Musée historique d'Orléans.
459. Fer à hosties, xiii° siècle. — Société archéologique de Touraine.
460. Fer à hosties, xiii° siècle. — Eglise de Bussière-Poitevine.
461. Lutrin en fer forgé, xiii° siècle. — Eglise Saint-Martin, à Brive.
462. Lutrin en fer forgé, xiii° siècle. — Cathédrale de Limoges.
463. Lutrin, xiii° siècle. — Cathédrale de Rouen.
464. Lutrin, xiii° siècle. — Eglise Saint-Just, à Narbonne.
465. Siège pliant en X, xiii° siècle. — Eglise Saint-Just, à Narbonne.
466. Siège pliant en X, xiii° siècle. — Cathédrale de Bayeux.
467. Poignée de porte, xiv° siècle. — M. Campe, à Hambourg.
468. Fer à hosties, xiv° siècle. — Eglise de Mailhac.
469. Fer à hosties, xiv° siècle. — Eglise de Cussac.
470. Candélabre, xiv° siècle. — Ancienne cathédrale de Noyon.
471. Fer à hosties en fer gravé, xv° siècle. — Musée de Rodez.
472. Grand chenet, homme sauvage, xv° siècle. — Musée d'Amiens.
473. Chenet en fer, saint Antoine, xv° siècle. — M. H. Dallemagne.
474. Coffret en fer ajouré, xv° siècle. — Musée de Bourges.
475. Coffret découpé à jour, xv° siècle. — Musée de Bourges.
476. Aumônière à fermoir ajouré, xv° siècle. — M. Doistau.
477. Fermoir de bourse ajouré, xv° siècle. — M. Doistau.
478. Plaque de marteau de porte, xv° siècle. — M. Doistau.
479. Marteau de porte, xv° siècle. — M. Doistau.
480. Grand coffret rectangulaire, xv° siècle. — M. Doistau.
481. Coffret à six pans, xv° siècle. — M. Doistau.
482. Grande plaque découpée à jour, xv° siècle. — M. Doistau.
483. Grand coffret repercé à jour, xv° siècle. — Musée Saint-Jean à Angers.
484. Fer à hosties, xv° siècle. — Eglise de Saint-Leger-Magnazeix.
485. Coffret en fer, xv° siècle. — Musée de Compiègne.
486. Coffret semblable, fin du xv° siècle. — Musée de Compiègne.
487. Chenet en fer, xv° siècle. — Musée des antiquités de la Seine-Inférieure.
488. Bénitier, 1494. — Eglise de Lugny Champagne (Cher).
489. Targette, xvi° siècle. — Musée de Compiègne.
490. Candélabre, xvi° siècle. — Eglise de Courrières (Pas-de-Calais).
491. Targette, époque de Louis XII. — M. Doistau.
492. Targette, époque de François I°r. — M. Doistau.
493. Heurtoir, xvi° siècle. — Musée de Narbonne.
494. Torche de la confrérie des serruriers, xvi° s. — Musée St-Jean, à Angers.
495. Verrou en fer repoussé, xvi° siècle. — M¹¹° Granjean.
496. Deux verrous, xvi° siècle. — M¹¹° Granjean.
497. Verrou décoré de griffons, xvi° siècle. — M¹¹° Granjean.
498. Réchaud sur pied, xiv° siècle. — Cathédrale de Beauvais.
499. Bénitier, 1520. — Eglise de Brienne-le-Château.
500. Heurtoir en forme de volute, xvii° siècle. — M. Morsent.
501. Bouton double, xvii° siècle. — M. Morsent.
502. Heurtoir décoré d'une tête d'ange, xviii° siècle. — M. Morsent.
503. Heurtoir, deux dauphins, xviii° siècle. — M. Morsent.
504. Enseigne, époque de Louis XIV. — M. H. Dallemagne.
505. Petite tirelire en fer, xvii° siècle. — M. Coiffet.
506. Cippe en fer ciselé et damasquiné d'or, xvii° siècle. — M¹¹° Granjean.
507. Petite mesure à poudre, époque de Louis XIII — M. Artus.
508. Lutrin, xviii° siècle. — Eglise de Pont-Sainte-Marie (Aube).
509. Lutrin, xviii° siècle. — Eglise de Mehun-sur-Yèvre (Cher).
510. Lutrin, xviii° siècle. — Eglise Sainte-Croix, de Provins.
511. Lutrin, époque de Louis XV. — Musée de Bourges.
512. Tire-bouchon en acier ciselé, xviii° siècle. — M. Artus.
513. Fragment de grille, époque de Louis XV. — M. Doistau.
514. Epée gauloise en bronze, ép. de la Gaule indépendante. — Musée de Narbonne
515. Epée en bronze, id. — M. Lacroix, à Mâcon.
516. Quatre épées en bronze. — M. Léon Morel.
517. Epée trouvée aux environs de Reims. — Id.

518. Grande Épée trouvée à Jonquières, époque gauloise. — M. Léon Morel.
519. Epée trouvée à Sainte-Cécile, id. — M. Léon Morel.
520. Epée de bronze, longue épingle. — M. Leon Morel.
521. Grande épée de Sommebionne. — M. Léon Morel.
522. Epée courte, deux poignards. — M. Léon Morel.
523. Casque, trouvé a Vezéronce, xie-xiie siècles. — Musée de Grenoble.
524. Epée, xiiie siècle. — Musée de Clermont-Ferrand.
525. Epée en fer avec inscription, xiiie siècle. — Musée de Péronne.
526. Epée en fer avec inscription, xiiie siècle. — Musée de Péronne.
527. Epée en fer avec inscription, xiiie siècle. — Musée des antiquités de la Seine-Inférieure.
528. Neuf épées, des xiiie et xive siècles. — Musée de St-Omer.
529. Bassinet, dit de Philippe le Bel, xive siècle. — Musée de Chartres.
530. Petit modèle d'épée, xive siècle. — Musée d'Amiens.
531. Epée en fer, xive siècle. — Musée de Bourges.
532. Epée, xve siecle. — Musée de La Roche-sur-Yon.
533. Bombarde, xve siècle. — Musée de Clermont-Ferrand.
534. Canon à bras en fer, xve siècle. — Musée de Clermont-Ferrand.
535. Arbalète, xve siècle. — Musée de Clermont-Ferrand.
536. Poignard, xve siècle. — Musée de Beaune.
537. Chapeau de fer, xve siècle. — Musee d'Abbeville.
537^a. Dague de Philippe le Bon. — M. Théwalt.
537^b. Poignard en fer damasquiné d'or. — M. Théwalt.
537^c. Glaive avec son fourreau, xvie siecle. — M. Théwalt.
537^d. Poudrière en fer ciselé et doré, xvie siècle. — M. Thewalt.
538. Deux dagues du XVe siècle. — Musée de St-Omer.
539. Dague, xve siècle. — Musée de Dijon.
540. Epée, 1419, époque de Charles VII. — Musée de Dijon.
541. Demi-armure en fer poli, xvie siècle. — Musée de Chartres.
542. Hallebarde, xvie siècle. — Musée de Chartres.
543. Deux épieux, xvie siècle. — Musée de Chartres.
544. Casque et sa visière, xvie siècle. — Musée de Roanne.
545. Couleuvrine, xvie siecle. — Musée de Clermont-Ferrand.
546. Deux hallebardes, xvie siècle. — Musée de Roanne.
547. Pertuisane, xvie siècle. — Musce de Langres.
548. Poitrinal à mèche, xvie siècle. — Musée de St-Etienne.
549. Arquebuse à mèche, xvie siècle. — Musée de St-Etienne.
550. Morion, xvie siècle. — Musee de Saint-Etienne.
551. Morion ou cabasset, xvie siècle. — Musée de St-Etienne.
552. Armure en fer gravé et doré, xvie siècle. — Musée de Draguignan.
553. Petit canon, xvie siècle. — Mme la marquise Arconati-Visconti.
554. Armure de Henri II. — M. Sigismond Bardac.
555. Petite dague, xvie siècle. — M. Charles André.
556. Manche de pistolet, xvie siècle. — M. Charles André.
557. Casque du duc de Bourbon-Vendôme, xvie siècle. — M. Campe, à Hambourg.
558. Couteau de chasse, xvie siècle. — Mlle Granjean.
559. Deux mors de cheval, xvie siècle. — Musée de Cahors.
560. Cuirasse, époque de Henri II. — Musée de Cahors.
561. Cuirasse et dossière, xvie siècle. — Musée de Cahors.
562. Cuissard et jambière, xvie siècle. — Musée de Cahors.
563. Deux brassards, devant de cuirasse et dossière, xvie siècle. — Id.
564. Gorgerin, xviie siècle. — Musée de Compiegne.
565. Petit pulvérin, xvie siècle. — M. Artus.
566. Arquebuse à rouet. — Musee des antiquités de la Seine-Interieure.
567. Couleuvrine, époque de Louis XIII. — Musée de Clermont-Ferrand.
568. Mousquet, portant la date de 1629. — Musée de Saint-Omer.
569. Pistolet formant dague et masse, xviie siècle. — Id.
570. Pistolet à fût de bois incrusté, xviie siècle. — Id.
571. Arquebuse, époque de Louis XIII. — M. Charles André.
572. Petite arquebuse, xviie siècle. — Musée archéologique d'Angoulême.
573. Épée, 1614. — Musée des monuments historiques, au Mans.
574. Couteau aux armes de Bourgogne, xve siècle. — Musée du Mans.
575. Deux couteaux aux armes de Bourgogne. — Musée de Dijon.
576. Gaine en cuivre gaufré et briquet à feu. — Musée de Dijon.
577. Deux couteaux et une fourchette. — Musée de Dijon.
578. Quatre couteaux et une fourchette, xvie siècle. — Musee de Dijon.
579. Deux petits couteaux et un poinçon. — Musée de Dijon.
580. Gaine de couteau, xvie siècle. — M. H. Dallemagne.
581. Quatre couteaux et une fourchette, xvie siècle. — M. Jules Protat.
582. Petit couteau pliant, xvie siècle. — M. Ed. Corroyer.
583. Petit couteau à manche d'ivoire, xvie siècle. — M. Ed. Corroyer.

584. Deux couteaux manches en ivoire, xvii° siècle. — Musée du Mans.
585. Couteau, époque de Louis XIII. — M. Artus.
586. Couteau et fourchette, xvii° siècle. — M. Ed. Corroyer.
587. Couteau et fourchette, xvii° siècle. — M. Artus.
588. Couteau-serpette, xvii° siècle. — M. Coiffet.
589. Tables de la maîtrise des couteliers de Saint-Etienne en 1737. — Musée de Saint-Etienne.
590. Serrure, xv° siècle. — Société archéologique de Touraine.
591. Trois serrures de coffre, xv° siècle. — Musée de Rodez.
592. Targette, xvi° siècle. — Musée Saint-Raymond, à Toulouse.
593. Serrure, xv° siècle. — Musée des antiquités de la Seine-Inférieure.
594. Moraillon d'un coffre, xv° siècle. — M. Doistau.
595. Serrure à double moraillon, xv° siècle. — M. Doistau.
596. Fragment de serrure, xv° siècle. — M. Doistau.
597. Clef, xv° siècle. — M. Doistau.
598. Grande serrure, xv° siècle. — M. Doistau.
599. Serrure de coffre, xv° siècle. — M. Doistau.
600. Serrure à vertevelle, xv° siècle. — M. Doistau.
601. Serrure à vertevelle, xv° siècle. — M. Doistau.
602. Clef, xvi° siècle — Musée Saint Raymond, a Toulouse.
603. Clef, xvi° siècle. — M. Dallemagne.
604. Serrure, xvi° siècle. — M. H. Dallemagne.
605. Serrure, xvi° siècle. — M. H. Dallemagne.
606. Deux clefs, xvi° siècle. — M. Morsent.
607. Deux clefs à canons triangulaires, xvi° siècle. — M. Morsent.
608. Serrure. — Musée des antiquités de la Seine-Inférieure.
609. Serrure à fronton, xvi° siècle. — M. Doistau.
610. Serrure en fer repercé, xvi° siècle. — Musée archéologique d'Angoulême.
611. Clef du château de Touson, xvi° siècle. — Musée d'Avignon.
612. Grande serrure et clef, xvi° siècle. — Musée de Narbonne.
613. Clef en fer forgé, xvi° siècle. — Musée de Narbonne.
614. Clef, chef-d'œuvre de serrurier, xvi° siècle. — M. Doistau.
615. Grosse clef, xvi° siècle. — M. Doistau.
616. Clef à peigne, époque de Charles IX. — M. Doistau.
617. Série de 106 clefs en fer forgé, du xv° au xix° siècle. — M. Doistau.
618. Serrure, epoque de Louis XIII. — Musée des antiquités de Bordeaux.
619. Serrure, époque de Louis XIII. — M. Doistau.
620. Serrure, epoque de Louis XIV. — M. Doistau.
621. Clef, xvi° siècle. — Musée d'Avignon.
622. Grande serrure, xvii° siècle. — Musée de Narbonne.
623. Serrure en fer gravé, xvii° siècle. — M. Morsent.
624. Grande clef, anneau à chaton, xvii° siècle. — M. Morsent.
625. Serrure, chef-d'œuvre, xvii° siècle. — M. Morsent.
626. Grande serrure, xvii° siècle. — M. Coiffet.
627. Serrure dédiée a Mgr le duc d'Orléans, xviii° siècle. — M. Doistau.

IV

Céramique.

Époque gallo-romaine.

628-772. Vases, coupes, statuettes, moules, lampes, etc., objets faisant partie de la collection de feu le Dr Plicque, à Lezoux (Puy-de-Dôme).
773. Moulage d'un édicule. — M. Bertrand.
774. Un gladiateur, terre cuite. — Musée de Moulins.
775-787. Vases de la collection de M. Léon Morel, a Reims.
788. Vénus, un sanglier. — Musée de Moulins.
789-790. Deux moules, un vase. — M. Jules Protat.
791-796. Vases et fragments de coupe. — Musée de Reims.
797. Cinq lampes, provenant de Charlieu. — M. Coiffet.
798. Mercure gaulois, statuette. — M. Bizot, à Vienne.
799. Deux petits chevaux, terre blanche. — Musée de Troyes.
800. Deux coupes. — Musée de Grenoble.
801. Vase trouvé à la citadelle d'Amiens en 1839. — Musée d'Amiens.
802-805. Guttus, urnes, vases. — Musée de Roanne.
806. Vases ou fragments de vases en terre rouge. — Musée d'Albi.
807. Coupes en terre rouge collées ensemble. — Musée de Clermont-Ferrand.

808. Coupe, décor en relief d'oiseaux. — Musée de La Roche-sur-Yon.
809. Cinq coupes en terre rouge, provenant de Bannassac.
810-817. Vases, coupes, statuettes. — Musée de Lisieux.
819. Assemblages de triangles de terre cuite, XIII° siècle. — Musée d'Arras.
820. Rosace de seize carreaux, XIII° siècle. — Hôpital de Tonnerre.
821. Deux assemblages de carreaux incrustés, XIII° siècle. — Musée de St-Omer
822. Carreaux de pavage. — Musée des antiquités de la Seine-Inférieure.
823. Vase en terre émaillée, XIV° siècle. — Musée de Cahors.
824. Deux assemblages de carreaux, XIV° siècle. — Musée de Saint-Omer.
825. Six panneaux en terre rouge. — Hôpital de Tonnerre.
826. Carreau émaillé. — Musée de Vire.
827. Assemblage de quatre carreaux, XIV° siècle. — Musée de Troyes.
828. Carreau en terre blanche, XIV° siècle. — Id.
829. Carreau en terre rouge, XIV° siècle. — Id.
830. Carreau en terre rouge, XIV° siècle. — Id.
831. Petit pot émaillé en jaune, XIV° siècle. — Musée Boucher-de-Perthes, à Abbeville.
832. Deux pots vernissés, XIV° siècle. — Musée de Clermont-Ferrand.
833. Deux vases et une coupe, XV° siècle. — Musée d'Agen.
834. Fond de plat profil d'homme, XV° siècle. — Musée d'Agen.
835. Briques en terre blanche, XV° siècle. — Musée de Carcassonne.
836. Carreau de terre vernissée, XV° siècle. — Musée de Lons-le-Saulnier.
837. Carreau de pavage, XV° siècle. — Musée de Troyes.
838. Brique de revêtement, XV° siècle. — Musée de Troyes.
839. Deux carreaux en faïence peinte, XV° siècle. — Musée de Saint-Raymond, à Toulouse.
840. Pot en terre émaillée de vert, XV° siècle. — Musée d'Agen.
841. Pot à eau, du château de Lugnangrand, XV° siècle. — Musée d'Agen.
842. Vase fragmenté, XV° siècle. — Musée de l'Hôtel de Ville de Saintes.
843. Grand pot, XV° siècle. — Musée de Clermont-Ferrand.
844. Plat fragmenté, XV° siècle. — Musée de Troyes.
845. Plat en terre rouge, XV° siècle. — Musée de Bourges.
846. Fragments de poteries, XIV° et XV° siècles. — Musée de Narbonne.
847. Vase à panse piriforme, XV° siècle. — Musée de Reims.
848. Pot vernissé en jaune, XV° siècle. — Musée de Reims.
849-850. Deux vases de forme cylindrique, XV° siècle. — Musée de Reims.
851. Pot gravé et vernissé, XV° siècle. — M. Coiffet.
852. Grosse cruche non vernissée, XV° siècle. — Musée d'Albi.
853. Petite figurine d'homme, XV° siècle. — Musée de Saint-Omer.
854. Fragments à reflets rouges métalliques. — Musée de Narbonne.
855. Fragment d'un pot. — Musée de l'Hôtel de Ville de Saintes.
856. Tête d'ange en terre cuite. — Musée de l'Hôtel de Ville de Saintes.
857. Vase vernissé en jaune. — Musée de l'Hôtel de Ville de Saintes.
858. Gourde en grès gris bleuâtre. — Musée de Troyes.
859. Gourde en grès non vernissée. — Musée de Troyes.
860. Fragments d'une petite cruche jaune. — Musée de l'Hôtel de Ville de Saintes.
861. Deux pots en terre non vernissée. — Musée de l'Hôtel de Ville de Saintes.
862. Broc en grès cérame. — Musée de Narbonne.
863. Buste de femme vernissé. — Musée d'Amiens.
864. Fontaine en poterie, XIV° siècle. — M. Etienne Moreau-Nélaton.
865. Grande buire en faïence verte, XVI° siècle. — M. Etienne Moreau-Nélaton.
866. Huit briques de terre rouge, XVI° siècle. — Musée de Saint-Omer.
867. Gourde en grès, XVI° siècle. — Musée de Reims.
868. Gourde à fond brun foncé, XVI° siècle. — M. Coiffet.
869. Epi de faîtage, XVI° siècle. — M. Boy.
870-875. Carreau en terre rouge, XVI° siècle. — Musée de Troyes.
876. Disque de terre vernissée, XVI° siècle. — Musée de Péronne.
877. Un évêque, XVI° siècle. — Musée de Péronne.
878. Buire en terre vernissée. — Musée Boucher-de-Perthes, à Abbeville.
879. Vase en forme de cornet, XVI° siècle. — Musée d'Amiens.
880. Pot en terre vernissée, XVI° siècle. — Musée d'Amiens.
881. Grosse cruche, XV° siècle. — Musée d'Albi.
882. Deux carreaux de pavage, XVI° siècle. — Musée d'Albi.
883. Cornet vernissé en brun, XVI° siècle. — Musée de Calais.
884. Brique de terre rouge estampée, XVI° siècle. — Musée de Calais.
885. Pot vernissé, XVI° siècle. — Musée de Calais.
886. Petite tête d'homme, XV° siècle. — Musée de Saintes.
887. Tête d'ange, XVI° siècle. — Musée de Saintes.
888. Deux aiguières, XVI° siècle. — Musée d'Agen.
889. Grand plat en terre blanche, XVI° siècle. — Musée d'Agen.
890. Pot en terre émaillée de vert, XVI° siècle. — Musée d'Agen.

891. Petit plat, fin du xvi⁰ siècle. — Musée Boucher-de-Perthes, à Abbeville.
892. Fragment de fontaine décorée de reptiles. — Musée d'Amiens.
893. Gourde de chasse. — M. Charles André.
894. Une sirène, statuette. — Musée Boucher-de-Perthes, à Abbeville.
895. Buste de Henri IV. — Musée d'Amiens.
896. Enfant mordu par un serpent, xvi⁰ siècle. — Musée d'Amiens.
897. Petite tête d'homme, xvi⁰ siècle. — Musée de Saintes.
898. Statuette de femme, xviii⁰ siècle. — Musée de Reims.
899. Épi de faîtage, xvi⁰ siècle. — M. Lepol Contet.
900. Fontaine quadrangulaire en terre blanche. — M. Luguet.
901. Vase circulaire en terre émaillée. — Musée du Mans.
902. Pot à surprise. — Musée du Mans.
903. Statuette de la Vierge, vernissée en vert. — Musée du Mans.
904. Gourde de forme aplatie. — Musée du Mans.
905. Vase à surprise entouré d'une résille. — Musée du Mans.
906. Calvaire. — Musée du Mans.
907. Grand bassin et fontaine. — Musée du Mans.
908. Grand bassin circulaire, xviii⁰ siècle. — Musée du Mans.
909. Chaufferette, xviii⁰ siècle. — Musée de Reims.

FABRIQUE DE BEAUVAIS

910. Gourde en grès, xvi⁰ siècle. — Musée Dubouché, à Limoges.
911. Gourde gris bleu. — M. le baron Oppenheim.
912. Pot en grès, xvi⁰ siècle. — M. Raymond Kœchlin.

FAIENCES DE BERNARD PALISSY

COLLECTION DE M. LE BARON ALPHONSE DE ROTHSCHILD

913. Grand médaillon. — Titus Vespasien.
914. Grand flambeau en forme de colonne.
915. Grand plat ovale. — Le Déluge.
916. Grand plat ovale. — La Fécondité.
917. Deux plats au chiffre de Henri II et Diane de Poitiers.
918. Deux plats en relief, bordure à enroulements.
919. Grande coupe. — Sujet de chasse.
958. Fragment de coupe. — Décor blanc et rosé.
659. Petit vase à large panse et une seule anse, terre rougeâtre.
920. Deux appliques porte-lumière. — Têtes d'anges.
921. Dauphin formant fontaine.
922. Amphore relief sur fond blanc.
923. Deux saucières ovales.
924. Deux buires à feuillages.
925. Plat rond avec reptiles.

COLLECTION DE M. LE BARON GUSTAVE DE ROTHSCHILD

926. Grand plat, décor d'après Briot.
927. Plat avec lézard au centre.
928. Deux petits plats ronds ajourés.
929. Petit plat du Pré d'Auge à salières.
930. Deux saucières avec deux personnages au fond.
931. Plat dit « aux Génies ».
932. Plat dit « la Belle Jardinière ».
933. Deux flacons en forme de pyramide.
934. Plat ovale ajouré.
935. Plat rond à ornements gravés.
936. Plat ovale Diane.
937. Hanap, décor de feuillages.
938. Salière carrée.
939. Statuette de femme.
940. Statuette de vieillard.
941. Enfant sur un dauphin.
942. Joueur de vielle sur pied triangulaire.
943. Vieille femme à la gourde.

COLLECTION DE Mlle GRANJEAN

944. Saucière décorée d'une figure de source.
945. Applique porte-lumière. — Jeune homme à mi-corps.

946. Plaque rectangulaire, profil de femme.
947. La Nourrice, statuette.
948. Statuette. — M. Alfred André.
949. Plat avec sirènes.
950. Grand vase décoré de fleurs et personnages en relief, par le Bon Oppenheim.
951. Petite cruche, fleurs en relief. — Id.
952. Plat rond avec mascarons. — M. Corroyer.
953. Chien couché. — M. Dolfus.
954. Plaque rectangulaire. — Hôtel Pincé à Angers.

FABRIQUE DE SAINT-PORCHAIRE

955. Grande aiguière, xvie siècle. — M. le baron Alphonse de Rothschild.
956. Coupe et son couvercle, xvie siècle. — M. le baron Gustave de Rothschild.
957. Coupe décor brun, xvie siècle. — M. le baron Gustave de Rothschild.
958. Salière de forme hexagonale, xvie siècle. — M. Alfred André.
959. Coupe en forme de vasque, xvie siècle. — M. Ch. Mannheim
960. Salière en forme de monument, xvie siècle. — M. le baron Oppenheim.

FABRIQUE DE NIMES

961. Gourde, 1887. — M. le baron Gustave de Rothschild.
962. Assiette, xvie siècle. — M. Salting, a Londres.

FABRIQUE DE LYON

965. Plat creux circulaire, M. Jules Protat, à Mâcon.
966. Plat ovale, M. Bizot, à Vienne.

FABRIQUE DE NEVERS

COLLECTION DE M. G. PAPILLON

967. Vase balustre. — Décor style italien, 1re époque.
968. Vase balustre. — Décor style italien. 1re époque.
969. Buire à col évasé. — Décor style italien. 1re époque.
970. Assiette polychrome. — Venus découvrant l'Amour.
971. Assiette polychrome. — Sujet champêtre. 1re époque.
972. Gourde. — Décor de style italien, inscription:
973. Plaque représentant en relief la Femme adultère.
974. Plaque ovale représentant une tête de Christ. 1re époque.
975. Bouteille à long col. — Décor polychrome de personnages.
976. Plat — marque: « de Conrade à Nevers ».
977. Plat décor camaieu bleu. — Au centre l'Adoration des Mages.
978. Assiette polychrome. — Décor style Bérain.
979. Assiette polychrome, avec quatre personnages.
980. Assiette polychrome. — Au centre, un medaillon.
981. Assiette polychrome. — Décor figurant une rosace.
982. Assiette polychrome. — Marque: CARRE 1757.
983. Assiette décor de personnages camaieu bleu avec armoirie.
984. Gourde décor polychrome. — Musicien dans un médaillon.
985. Pichet à surprise. — Decor chinois en bleu et manganese.
986. Potiche de forme ovoïde. — Décor de fleurs.
987. Cornet cylindrique. — Même décor blanc et jaune.
988. Cornet cylindrique. — Même décor blanc.
989. Bouteille à long col. — Même décor blanc et jaune.
990. Bouteille à long col. — Même décor blanc et jaune.
991. Vase balustre. — Même décor blanc et jaune.
992. Vase balustre — Même décor blanc et jaune.
993. Buire à col évasé. — Décor de fleurs.
994. Gargoulette avec anses. — Même décor.
995. Bouquetière forme navette. — Même décor.
996. Assiette decor d'oiseaux. — Même décor.
997. Assiette décor d'oiseaux. — Même décor.
998. Assiette décor d'oiseaux. — Même décor.
999. Assiette décor d'oiseaux. — Même décor jaune citrin.
1000. Assiette avec armoirie. — Même décor en blanc et jaune.
1001. Potiche ovoïde. — Décor de fleurs.

1002. **Plat rectangulaire.** — Décor polychrome, genre Teniers.
1003. **Gargoulette**, les Cris de Paris, 1725.
1004. **Gourde.** — Décor bleu et manganèse, sujets champêtres.
1005. **Grande potiche** et son couvercle décor polychrome, 1re époque.
1006. **Paire de bras** applique porte-lumière.

COLLECTION DE M. TH. PERROT

1007. **Vase.** — Décor polychrome : Naïades, 1re époque.
1008. **Vase.** — Décor polychrome : Enfants, 1re époque.
1009. **Gourde.** — Décor de fleurs en blanc sur fond gros bleu.
1010. **Gourde.** — Décor de fleurs en blanc et jaune sur fond bleu.
1011. **Ecuelle couverte** et son dessous à fond gros bleu.
1012. **Ecuelle couverte** et son dessous à fond gros bleu.
1013. **Bouquetière** forme navette. — Décor de fleurs en vert.
1014. **Plat.** Décor bleu et manganèse. Chasse d'après Tempesta avec armoirie.
1015. **Bouteille** à long col. — Décor bleu et manganèse.
1016. **Groupe.** — Décor polychrome : Saint-Guillaume.
1017. **Grand plat.** — Décor blanc sur fond gros bleu.

COLLECTION DE M. LEPLL-COINTET

1018. **Statuette de saint Jean.** — Décor polychrome.
1019. **Statuette.** — La Vierge et l'Enfant Jésus.
1020. **Plat.** — Décor de personnages chinois.

COLLECTION DE M. ED. GUÉRIN

1021. **Gourde.** — Décor de fleurs vert et jaune sur fond crème.
1022. **Gourde.** — Décor de fleurs en blanc et jaune sur fond bleu.
1023. **Broc avec anse.** — Décor blanc et bleu sur fond jaune.
1024. **Petite bouteille.** — Décor blanc sur fond gros bleu.
1025. **Deux carreaux** de revêtement à décor bleu. — M. Coiffet.
1026. **Plaque circulaire.** — Polychrome. — M. E. Camus.
1028. **Porte-bouquet.** — Décor bleu. — M. Bizot, à Vienne.

COLLECTION DE M. BINIO

1029. **Grand plat**, décor de fleurs en blanc sur fond gros bleu.
1030. **Potiche**, décor de fleurs en blanc sur fond gros bleu.
1031. **Cornet**, décor de fleurs en blanc sur fond gros bleu.
1032. **Cornet**, décor de fleurs en blanc et jaune sur fond gros bleu.
1033. **Bouteille**, forme balustre, décor de fleurs en blanc sur fond gros bleu.
1034. **Bouteille**, décor de fleurs sur fond gros bleu.
1035. **Bouteille**, à double renflement, décor en blanc sur fond gros bleu.
1036. **Cornet**, décor blanc et jaune sur fond gros bleu.
1037. **Pichet** décor blanc et jaune sur fond gros bleu.
1038. **Petite potiche** décor blanc et quadrillé sur fond gros bleu.
1039. **Petite potiche**, décor en blanc sur fond gros bleu.
1040. **Plat creux**, décor blanc sur fond gros bleu.
1041. **Plat creux**, décor blanc et jaune sur fond gros bleu.
1042. **Plat creux**, décor blanc et jaune sur fond gros bleu.
1043. **Ecuelle** au fond Sainte-Anne en polychrome sur fond bleu.
1044. **Vase à deux anses**, décor polychrome.

COLLECTION DE M. CAILLOT.

1045. **Plaque encadrée**, décor polychrome.

MUSÉE DE ROANNE.

1046. **Statuette de Saint-Antoine**, 1712.

MUSÉE DE CAEN

1047. **Gourde** émaillée en bleu et marbrée de bleu.
1048. **Grand vase** émaillé de bleu et marbré de blanc.

MUSÉE ARCHÉOLOGIQUE DE NEVERS

1049. **Grand plat.** — Décor vert.
1050. **Aiguière**, en bleu et manganèse.

1051. **Bouteille.** — Décor vert et jaune.
1052. **Grand plat.** — Persée délivrant Andromède.
1053. **Grande bouteille.** — Polychrome, influence italienne.
1054. **Bouteille.** — Décor bleu et manganèse.
1055. **Pot de pharmacie.** — Saint-Étienne, 1761.
1056. **Grand cornet.** — Decor polychrome.
1057. **Plaque de revêtement** polichrome, figures orientales.
1058. **Grand vase** formant fontaine.
1059. **Grand plat.** — Decor de fleurs et compartiments.
1060. **Vase** a decor bleu et blanc sur fond jaune.
1061. **Bouteille** décorée d'un musicien, signée Garnier, 1702.
1062. **Grand pichet** avec une inscription. — Date de 1740.
1063. **Deux chiens blancs.** — M. Étienne Moreau-Nélaton.
1064. **Rafraichissoir**, decor bleu monochrome. — Musée de Rennes.
1065. **Bouteille**, 1742. — Musée de Clermont-Ferrant.

FABRIQUE DE ROUEN

1067. **Vase de pharmacie** cylindrique, xvie siècle. — Musée de Dieppe.

COLLECTION DE M. M. PAPILLON

1069. **Plat**, décor bleu et rouge sur fond jaune d'ocre.
1070. **Plat**, décor bleu et rouge. — Au centre, scene chinoise.
1071. **Bannette**, décor de style Berain, en bleu et jaune cuir.
1072. **Bannette**, decor polychrome de guirlandes et corbeilles.
1073. **Bannette**, décor polychrome de chinois en noir et jaune cuir.
1074. **Plat à pans coupés.** — Décor de lambrequins en bleu et noir.
1075. **Plat**, une noce de village en camaïeu bleu.
1076. **Plateau**, décor polychrome. — Oiseaux au bord de l'eau.
1077. **Plateau.** — Decor polychrome de fleurs sur fond noir.
1078. **Aiguière** en forme de casque. — Decor bleu avec armoirie.
1079. **Aiguière** id. — Decor polychrome de guirlandes de fleurs.
1080. **Aiguière** id. — Décor polychrome dit à la pagode.
1081. **Cartel porte-montre.** — Décor polychrome, rocaille.
1082. **Pichet** ayant la forme d'un personnage buvant.
1083. **Grand pichet**, décor polychrome de style rocaille.
1084. **Assiette** à decor sur fond jaune d'ocre.
1085. **Assiette**, meme decor. — Au centre une rosace.
1086. **Compotier**, même decor, de style rayonnant.
1087. **Assiette**, decor polychrome. Enfants et dauphins.
1088. **Assiette**, décor polychrome, dite assiette a musique.
1089. **Assiette** à l'imitation des faïences de Marseille. — Vavasseur.
1090. **Assiette**, decor bleu. — Armes du marquis de Maillebois.
1091. **Assiette**, decor bleu. — Au centre, les armes de Poterat.
1092. **Assiette**, décor polychrome, rocaille. — Saint-Pierre, 1734.
1093. **Compotier**, décor polychrome, rocaille, atelier de peinture.
1094. **Assiette**, décor bleu et rouge. — Mandarins et moutons.
1095. **Assiette**, décor bleu et rouge. — Au centre, un chinois.
1096. **Assiette**, décor bleu et rouge. — Personnages persans.
1097. **Assiette**, decor bleu et rouge. — Lambrequins.
1098. **Assiette**, decor bleu et rouge. — Lambrequins.
1099. **Assiette**, décor bleu et rouge. — Au centre un cygne.
1100. **Assiette**, décor bleu. — Grande rosace, style rayonnant.
1101. **Assiette**, decor bleu de style rayonnant. — Un cygne.
1102. **Assiette**, décor polychrome, rocaille; grande chimère.
1103. **Assiette**, decor polychrome. — Chinois dans un paysage.
1104. **Sucrière** cylindro-conique. — Decor bleu et rouge.
1105. **Sucrière** cylindro-conique. — Décor bleu et rouge.
1106. **Sucrière** cylindro-conique. — Decor de chinois.
1107. **Sucrière** cylindro-conique. — Décor polychrome à la corne.
1108. **Sucrière** forme balustre. — Décor bleu de guirlandes.
1109. **Sucrière** forme balustre. — Decor bleu de lambrequins.
1110. **Sucrière** forme balustre. — Décor bleu et rouge.
1111. **Sucrière** forme balustre. — Decor bleu et rouge.
1112. **Sucrière** forme balustre. — Décor bleu et jaune d'ocre.
1113. **Sucrière** forme balustre. — Décor bleu et rouge.
1114. **Sucrière** forme balustre. — Décor bleu et jaune d'ocre.
1115. **Sucrière** forme balustre. — Décor bleu et rouge.
1116. **Sucrière** forme balustre. — Décor bleu.

1117. Sucrière forme balustre. — Décor bleu avec armoirie.
1118. Sucrière forme balustre. — Décor polychrome.
1119. Sucrière cylindro-conique. — Décor polychrome à la pagode.
1120. Sucrière forme balustre. — Décor à la grenade.
1121. Sucrière de forme ovoïde. — Décor au sainfoin.
1122. Savonnette forme sphérique. — Décor bleu et rouge.
1123. Savonnette forme sphérique. — Décor polychrome, rocaille.
1124. Paire de flambeaux. — Décor polychrome à la tulipe.
1125. Assiette, décor polychrome. — Chinois et marguerites.
1126. Soulier de Noel. — Décor bleu et jaune d'ocre.
1127. Boîte à épices oblongue. — Décor bleu.
1128. Boîte à épices, oblongue. — Décor bleu et rouge.
1129. Boîte à épices, forme trèfle. — Décor bleu et rouge.
1130. Boîte à épices, forme trèfle. — Décor bleu et rouge.
1131. Boîte à épices, forme trèfle. — Décor polychrome à la pagode.
1132. Boîte à épices, forme trèfle. — Décor polychrome.
1133. Salière rectangulaire. — Décor polychrome au Chinois.
1134. Salière ovale. — Décor polychrome. Au milieu, un cygne.
1135. Petit ex-voto en forme de cœur. — Décor bleu et rouge.
1136. Petit ex-voto en forme de cœur. — Décor polychrome.
1137. Boîte ronde. — Décor polychrome au Chinois, 1766.
1138. Tabatière en forme de livre. — Décor polychrome.
1139. Tabatière en forme de livre. — Décor polychrome.
1140. Tabatière en forme de livre. — Décor polychrome.
1141. Tabatière en forme de livre. — Décor bleu avec rosace.
1142. Moutardier, forme cylindrique. — Décor bleu et rouge.
1143. Moutardier, forme cylindrique. — Décor bleu et rouge.
1144. Petit Pichet. — Décor polychrome de fleurs.
1145. Petit pichet. — Décor polychrome de fleurs.
1146. Petit pichet — Décor polychrome avec Chinois.
1147. Deux petites mules. — Décor polychrome.
1148. Pot de toilette. — Décor polychrome sur fond bleu empois.
1149. Pot de toilette. — Décor polychrome dit à la pagode.
1150. Deux burettes. — Décor bleu et rouge.
1151. Deux coquetiers. — Décor polychrome de fleurs.
1152. Moutardier, forme baril. — Décor polychrome.
1153. Moutardier, forme baril. — Décor dit à la haie.
1154. Pot de toilette. — Décor polychrome avec Chinois.
1155. Pot de toilette. — Décor bleu style, rayonnant.
1156. Mangeoire d'oiseaux. — Décor polychrome.
1157. Huilier porte-burettes, personnages chinois.
1158. Boîte à thé rectangulaire. — Décor bleu et rouge.
1159. Ravier à deux anses. — Décor bleu et rouge.
1150. Ravier à deux anses. — Décor bleu avec Chinois.
1161. Assiette. — Décor polychrome à la corne tronquée.
1162. Assiette. — Décor polychrome à la double corne.
1163. Buste de Flore. — Décor bleu.
1164. Sucrière balustre. — Décor bleu.
1165. Sucrière balustre. — Décor bleu.

COLLECTION DE M. DOISTAU

1166. Plat rond. — Décor bleu et rouge, personnages chinois.
1167. Plateau rectangulaire. — Décor polychrome, fond bleu.
1168. Plateau rectangulaire, armoirie et fleurs polychromes.
1169. Plat rond. — Amours et arabesques noires sur fond jaune d'ocre.
1170. Plateau rectangulaire. — Décor bleu, lambrequins et armoirie.
1171. Bannette. — Décor bleu et rouge, lambrequins.
1172. Plat. — Décor bleu et rouge avec médaillon au centre.

COLLECTION DE M. CH. PERROT

1173. Aiguière, forme casque. — Décor bleu et rouille.
1174. Aiguière, forme casque. — Décor bleu, avec armoirie double.
1175. Saladier. — Décor polychrome. Au fond, les Saisons.
1176. Bannette. Décor bleu et rouge, brûle-parfums.
1177. Sucrière forme balustre. — Décor bleu et rouge.
1178. Sucrière forme balustre. — Décor bleu et rouge.
1179. Compotier octogone. — Décore bleu et rouge.
1180. Assiette. — Décor bleu de personnages.
1181. Sucrière forme balustre. — Decor bleu.

1182. Sucrière forme balustre. — Décor polychrome.
1183. Pichet. — Décor bleu et rouge. — Saint-Pierre en camaïeu.
1184. Cornet. — Décoré de guirlandes de fleurs en bleu et rouge
1185. Boîte à épices oblongue. — Décor bleu et rouge.
1186. Savonnette sphérique. — Decor polychrome de fleurs.
1187. Soupière et son couvercle. — Décor polychrome.
1188. Plat. — Décor bleu de lambrequins.
1189. Plat. — Décor bleu de lambrequins.
1190. Plat. — Decor bleu de lambrequins.
1191. Plat — Décor bleu de lambrequins.

COLLECTION DE M. C. CLAVET

1192. Plat. — Décor bleu et rouge, style rayonnant, guirlandes.
1193. Plat. — Décor bleu, avec une armoirie au centre.
1194. Plat. — Décor bleu et rouge, dit decor cachemire.
1195. Sucrière forme balustre — Arabesques noires, fond jaune.
1196. Assiette. — Décor bleu et rouge de lambrequins, un Chinois.
1197. Fontaine d'angle. — Decor polychrome de style rocaille.

MUSÉE CÉRAMIQUE DE ROUEN

1198. Sucrière. — Décor bleu et rouge.
1199. Pichet. — Décor polychrome avec oiseaux.
1200. Plat à barbe. — Décor camaïeu bleu.
1201. Saladier Pierre Piquet, 1729. — Décor polychrome.
1202. Assiette. — Armoirie sur fond jaune d'ocre.
1203. Assiette. — Rosace sur fond jaune d'ocre.
1204. Sucrière. — Décor bleu.
1205. Assiette à décor rouge et bleu. — Oiseau au centre.
1206. Assiette. — Décor bleu.
1207. Bannette. — Décor bleu et rouge.
1208. Assiette polychrome à personnages, fabrique de Vavasseur.
1209. Pichet. — Décor polychrome Le Breton.
1210. Cache-pot. — Décor à la corne tronquée.
1211. Grande bouteille. — Décor bleu.
1212. Cuvette forme carrée. — Décor bleu empois.
1213. Saladier. — Décor polychrome, chinois Brument, 1699.
1214. Rape à tabac. — Décor polychrome avec armoirie.
1215. Plat. — Decor bleu à lambrequins.
1216. Pichet. — Décor polychrome Saint-Jean-Baptiste.
1217. Assiette. — Décor dit à musique.
1218. Assiette creuse. — Decor polychrome avec chiffre.
1219. Vase couvert dit pot-pourri. — Décor bleu et rouge.
1220. Paire de Vases avec flammes. — Décor bleu et rouge.

COLLECTION DE M. LEPEL-COINTET

1221. Assiette, décor bleu et rouge de style rayonnant.
1222. Boîte à épices oblongue. — Décor bleu et rouge.
1223. Théière, décor bleu et rouge vif.
1224. Plat, décor bleu et rouge de lambrequins.
1225. Assiette, décor d'arabesques noirs sur fond jaune citron.
1226. Assiette, decor bleu, au centre un Chinois.

COLLECTION DE M. PIQUET

1227. Plat, décor bleu de lambrequins.
1228. Plat, décor polychrome chinois marli quadrillé.

MUSÉE DE NARBONNE

1251. Plat octogone, à décor polychrome rayonnant.
1252. Compotier, decor à la corne.
1253. Lion accroupi, décor polychrome. — Musée de Rennes.

FABRIQUE DE SINCEVY

COLLECTION DE M. G. PAPILLON

1254. Plat, décor polychrome : Chinois et pagodes.
1255. Encrier de forme triangulaire : Chinois en ronde bosse,

1256. Boîte à poudre : décor polychrome chinois. Marque S.
1257. Assiette, décor polychrome de roses jaunes.
1258. Compotier dentelé, decor polychrome rocaille ; un Amour.
1259. Compotier dentelé, décor polychrome rocaille.
1260. Assiette, décor polychrome; au centre : personnages.
1261. Assiette, décor polychrome à l'imitation de Strasbourg.
1262. Assiette, de personnages en camaïeu bleu marque S.
1263. Assiette, décor polychrome de personnages chinois.
1264. Assiette, décor polychrome de personnages chinois et coq.
1265. Assiette, décor polychrome avec une corbeille de fleurs.
1266. Assiette, décor polychrome avec marine.
1267. Assiette, décor polychrome avec Chinois dans une barque.
1268. Plat, décor polychrome, Chinois et tonneaux.
1269. Paire de sabots, décor polychrome.
1270. Savonnette sphérique, décor dit au sainfoin.

COLLECTION DE M. CALVET

1271. Assiette, décor polychrome, rosace avec oiseau.

COLLECTION DE M. CAILLOT

1272. Paire de jardinières, décor imitant le Strasbourg.

FABRIQUE DE MOUSTIERS

COLLECTION DE M. G. PAPILLON

1273. Ecuelle, décor chinois polychrome. « Ferrat à Moustiers ».
1274. Sucrière, forme balustre, décor de grotesques.
1275. Sucrière, forme balustre, decor bleu, d'après Berain.
1276. Plat oblong armoirié, décor bleu, d'après Bérain.
1277. Gourde de pèlerin, fond jaune avec trophées.
1278. Chauffe-mains avec médaillons polychromes.
1279. Petit soulier de Noël, décor bleu.
1280. Boîte à poudre, décor polychrome : les quatre saisons.
1281. Sucrier et son couvercle, décor polychrome.

COLLECTION DE M. DUVAL

1282. Boîte à poudre de riz, décor polychrome, avec armoirie.
1283. Assiette, décor polychrome; sujets mythologiques.
1284. Assiette, decor polychrome : sujet mythologique.
1285. Ecuelle, décor polychrome, sujet mythologique.

COLLECTION DE M. CALVET

1286. Plat ovale, une chasse à l'ours, en camaïeu bleu.
1287. Grande vasque, décor camaïeu bleu : chasse.
1288. Pot à eau et cuvette, décor polychrome.
1289. Assiette, décor jaune rouille, médaillon.
1290. Grand bassin circulaire à decor polychrome.
1291. Coffret de mariage rectangulaire. M. Ed. Corroyer.

MUSÉE DE NARBONNE

1292. Cache-pot à décor vert.
1293. Soupière à décor jaune.
1294. Jardinière, décor bleu et jaune, à personnages.
1295. Ecuelle à bouillon, décor bleu.
1296. Saucière, lambrequins, bouquet d'anémones.
1297. Buire à camaïeu bleu : Hercule aux pieds d'Omphale.
1298. Grand plat : la Chute de Phaéton, style de Bérain.
1299. Pot-pourri, décor à grands lambrequins.
1300. Deux couteaux, manche blanc, à décor bleu à arabesques.
1301. Plat oblong : château et personnages, style de Berain.
1302. Boîte à poudre, decor polychrome de bouquets.
1303. Bassin de fontaine d'applique, décor polychrome.
1304. Plat oblong, decor de vases de fleurs, chimères et bustes.
1305. Soupière, décor vert.

1306. **Cuvette** à décor polychrome, médaillons mythologiques.
1307. **Une fontaine** à décor vert.
1308. **Une fontaine** à décor jaune.
1309. **Une fontaine** à décor polychrome.
1310. **Boîte à poudre.**
1311. **Ecuelle** à bouillon, au nom de Thérèse de Condrieu.
1312. **Grande soupière** surmontée d'une tête de bélier. — M. Coiffet.
1313. **Grand plat** ovale, décor en bleu. — Musée de Narbonne.

FABRIQUE DE LILLE

1314. **Assiette**, décor polychrome; un gros papillon. — M. G. Papillon.
1315. **Assiette**, décor bleu de style rouennais. — M. Perrot.
1316. **Plat ovale**, décor bleu de lambrequins. — M. Calvet.

FABRIQUE DE BORDEAUX

1317. **Assiette**, décor polychrome avec fleurs. — M. Perrot.
1318. **Assiette**, décor polychrome, bouquet de fleurs. — M. G. Papillon.
1319. **Assiette**, décor polychrome, dit au coq. — M. G. Papillon.
1320. **Assiette**, décor polychrome. — M. G. Papillon.
1321. **Sucrière**, décor polychrome, pagodes. — M. G. Papillon.
1322. **Sucrière**, décor bleu, mascarons. — M. G. Papillon.
1323. **Assiette**, décor bleu, musiciens et danseuse. — M. Calvet.
1324. **Assiette**, décor polychrome. — M. Leblin de Dionne.

FABRIQUE DE STRASBOURG

COLLECTION DE M. PERROT

1325. **Petit vase**, style rocaille, décor polychrome.
1326. **Plat ovale** à bords contournés, décor de fleurs polychrome.
1327. **Légumier ovale** avec anses, décor de fleurs polychrome.
1328. **Pot à crème**, décor polychrome de fleurs.
1329. **Assiette**, décor polychrome; au centre, Chinois pêcheur.
1330. **Assiette**, décor polychrome; bouquets de fleurs.
1331. **Assiette**, décor polychrome; bouquets de fleurs.
1332. **Flambeau**, décor polychrome de fleurs. — Marque J. H.
1333. **Pied de veilleuse**, décor polychrome. — Musée de Narbonne.
1334. **Cafetière**, décor polychrome. — Musée de Narbonne.
1335. **Assiette** à décor de fleurs. — M. Auscher.
1336. **Assiette** à décor de fleurs. — M. Auscher.

FABRIQUE DE SAINT-CLÉMENT

1337. **Jardinière**, forme demi-lune, paysage. — M. Perrot.
1338. **Moutardier** avec plateau, décor blanc et or. — M. Perrot.

FABRIQUE D'AVIGNON

1339. **Vase** en faïence émaillé vert. — M. Charles André.
1340. **Grand vase.** — M. le baron Oppenheim.
1341. **Plat** en forme de chou-fleur. — Musée de Narbonne.

FABRIQUE DE GOULT

1342. **Assiette** décor camaïeu jaune, médaillon. — M. Perrot.
1343. **Assiette**, sujet galant en décor jaune rouille. — M. Lepel-Cointet.

FABRIQUE DE SAINT-AMAND

1344. **Huit assiettes**, décor polychrome, le service de la messe. — M. G. Papillon.
1345. **Fontaine** de style rocaille. — Musée de Valenciennes.
1346. **Soupière**, décor de roses. — Musée de Saint-Omer.

ŒUVRES DE CYFFLE (Terre de Lorraine).

COLLECTION DE M. PERROT

1347. Sainte Geneviève, émaillée blanc.
1348. L'oiseau mort.
1349. Le savetier et son sansonnet.
1350. Henri IV et Sully.
1351. Le taureau Farnèse.
1352. Le dénicheur.
1353. Le patineur.
1354. Le joueur de cornemuse.
1355. L'hiver.
1356. Pêcheur endormi.
1357. Laveuse à la fontaine.
1358. Bélisaire.
1359. L'été.
1360. L'automne.
1361. L'hiver.
1362. Le printemps.
1363. Le jeune homme au chevreau.
1364. Baigneuse.
1365. Ramoneur.
1366. Fauconnier.
1367. La cruche cassée.
1368. Jardinier sur sa bêche.
1369. Couple amoureux.
1370. Retour du marché.

FABRIQUE DE RENNES

1371. Grande soupière ovale, de style rocaille. — Musée de Rennes.
1372. Pot à une anse, décor de roses. — Musée de Rennes.
1373. Grande fontaine, ovale de style rocaille. — Musée de Rennes.
1374. Deux rafraîchissoirs, décor de bouquets. — Musée de Rennes.
1375. Ecuelle à bouillon, décor polychrome (1778). — Musée de Rennes.

FABRIQUE D'APREY

1376. Assiette à bords contournés, décor polychrome. — M. Perrot.
1377. Pot à eau, décor d'oiseaux. — M. Bizot, à Vienne.
1378. Assiette, décor de chevaux. — M. Bizot, à Vienne.

FABRIQUE DE MARSEILLE

COLLECTION DE M. G. PAPILLON

1379. Écuelle et son plateau, décor polychrome, paysages.
1380. Jardinière, décor polychrome de fleurs.
1381. Jardinière, décor polychrome de fleurs sur fond jaune.
1382. Assiette à fond jaune avec attributs franc-maçonniques.
1383. Assiette, décor polychrome de marine, bordure ajourée.
1384. Assiette, décor polychrome de fleurs.
1385. Daubière en forme de poule avec ses poussins.
1386. Fontaine d'applique, décor camaïeu vert.

COLLECTION DE M. PERROT

1387. Tasse et soucoupe, décor polychrome.
1388. Écuelle et son dessous, décor polychrome, fleurs.
1389. Assiette, décor polychrome, fleurs et nœuds sur fond vert.
1390. Assiette, décor polychrome, fleurs avec rehauts d'or.
1391. Assiette, décor bleu et manganèse, un personnage. — M. Perrot.
1392. Cobeille ajourée, décor polychrome de fleurs.

COLLECTION DE M. CALVET

1393. Sucrier forme cylindrique, décor polychrome de fleurs.
1394. Jardinière, décor vert, avec paysage en camaïeu rose.

1395. Assiette avec rosace, décor bleu, rouge et vert.
1396. Assiette, décor polychrome de poissons.
1397. Assiette avec médaillon au centre : fruits et dorure au bord.

COLLECTION DE M. DUVAL

1398. Sucrier, forme cylindrique, décor polychrome, paysages.
1399. Assiette, décor polychrome de fleurs avec armoiries.
1400. Assiette, décor polychrome, médaillon avec paysage.
1401. Aiguière et son bassin, décor polychrome de fleurs.
1402. Tasse et soucoupe, décor polychrome de paysages.

MUSÉE DE NARBONNE

1403. Soupière à décor vert montée sur quatre pieds.
1404. Plat rond festonné, décor de bouquets polychromes.
1405. Plat polychrome, rehaussé d'or, à petits bouquets.
1406. Soupière carrée à deux anses, décor de bouquets.
1407. Porte-bouquet, trois pieds à fleurons, décor ajouré.
1408. Plat à légumes, forme à bords droits, décor polychrome.
1409. Pot à eau décoré en vert, sujets grotesques.

FABRIQUE DE SCEAUX

COLLECTION DE M. PERROT

1410. Cuvette et pot à eau, décor à fleurs polychromes.
1411. Deux verrières à bords découpés, décor polychrome.
1412. Jardinière, forme demi-lune, décor polychrome; sujets.
1413. Jardinière, forme demi-lune, décor polychrome; paysages.
1414. Assiette, décor polychrome; au centre, paysage animé.
1415. Assiette avec fleurs; au centre, paysage en camaïeu rose.
1416. Pot à eau, fleurs avec rehauts d'or; sujets pastoraux.
1417. Vase avec col et couvercle ajourés; médaillons polychromes.
1418. Vase sur piédouche; au milieu, médaillons de fleurs.
1419. Couverture de livre, sujets religieux en polychrome.
1420. Petit plateau avec anses, paysage maritime, polychrome.
1421. Jardinière-applique, paysages maritimes camaïeu rose,
1422. Deux assiettes à bords déchiquetés; médaillon avec paysage.
1423. Deux assiettes à bords contournés et filet doré.
1424. Assiette à bords contournés, décor polychrome de fleurs.
1425. Tasse couverte, dito trembleuse, décor polychrome.
1426. Jardinière carrée, bouquet de fleurs polychrome.
1427. Vase pot-pourri sur piédouche avec couvercle ajouré.

COLLECTION DE Mme PAPILLON

1428. Jardinière couverte, forme éventail sur son socle ajouré.

FABRIQUE DE SAINT-OMER

MUSÉE DE SAINT-OMER

1429. Plat décoré sur engobe avec un oiseau.
1430. Plat décoré sur engobe avec un porte-drapeau.
1431. Petite assiette à bords contournés, décor de roses.
1432. Cachepot, style rocaille, décor de roses.
1433. Pot à décor chinois, dessins en manganèse
1434. Pot émaillé de bleu à décor blanc.

FABRIQUE DE NIEDERVILLER

COLLECTION DE M. PERROT

1435. Soupière, forme ronde sur quatre pieds, décor polychrome.
1436. Deux assiettes à bords contournés; sujets galants.
1437. Deux assiettes à fond imitant le bois; paysages.
1438. Deux assiettes à bords contournés, décor polychrome.
1439. Petit sucrier, paysage, décor polychrome en trompe-l'œil.
1440. Tasse, même décor.
1441. Petite cafetière, décor polychrome de fleurs.

1442. **Assiette**, décor polychrome; au milieu, trois personnages.
1443. **Deux jardinières**, forme carrée, décor polychrome.
1444. **Sucrière**, forme balustre, avec sujet galant en camaïeu rose.
1445. **Deux dessus de brosse** avec sujets polychromes.
1446. **La vielleuse**, figurine polychrome.
1447. **Jeune homme** portant un chevreau, figurine polychrome.
1448. **Un pilote** sur son bateau.
1449. **Un Bacchus.**
1450. **Joueuse de guitare.**
1451. **Berger et son chien.**
1452. **Le Patineur.**
1453. **Jeune femme** portant des fleurs dans son tablier.
1454. **Jeune seigneur** présentant un raisin.
1455. **Jeune seigneur** portant un pot de fleurs.
1456. **Le Vitrier.**
1457. **Le Colporteur.**
1458. **Un Buveur.**
1459. **Le Marchand de melons.**
1460. **Un Jardinier.**
1461. **Une Marchande de fleurs**
1462. **Joueur de cornemuse.**
1463. **Bergère et sa chèvre.**
1464. **Joueur de cymbales.**
1465. **Femme** portant un nid dans son tablier.
1466. **Joueur de flûte.**
1467. **Renaud et Armide**, groupe décor polychrome.
1468. **Garde-française et dame**, décor polychrome.
1469. **Soldat et dame**, décor polychrome.
1470. **Trois enfants jouant** décor polychrome.
1471. **Chasseur et dame**, décor polychrome.
1472. **Chasseur et dame** (pendant), décor polychrome.
1473. **Joueur de guitare** et dame tenant un oiseau sur la main.
1474. **Jardinier** et dame portant des fleurs, décor polychrome.
1475. **Jeune seigneur et marchande de fleurs**, décor polychrome.
1476. **Bergère** présentant des fleurs à un berger, blanc et or.
1477. **Dispute** pour un raisin.

FABRIQUE DE PARIS

1478. **Pot de pharmacie** de l'abbaye de Chelles, décor polychrome — M. Perrot.

FABRIQUE D'APT

1479. **Vase de forme Médicis.** — M. Calvet.
1480. **Vase** semblable à celui ci-dessus. — M. Calvet.
1481. **Petite écuelle** à oreilles plates. — Musée de Narbonne.

FABRIQUE DE MONTPELLIER

1482. **Ecuelle jaune** décor polychrome. — Musée de Narbonne.
1483. **Fontaine.** — M. Bizot, à Vienne.
1484. **Fontaine d'applique**, décor polychrome. — M. G. Papillon.

FABRIQUE DE LA TOUR D'AIGUES

1485. **Canard** faïence polychrome, 1770. — Musée de Narbonne.

FABRIQUE DE MEILLONAS

1486. **Porte-bouquet.** — M. Bizot, à Vienne.
1487. **Cruche** en faïence à décor chinois. — Musée de Montpellier.

FABRIQUE D'AGEN

1488. **Gourde**, décor polychrome. — Musée d'Agen.
1489. **Grand carreau poêle.** — Musée de Lons-le-Saulnier.

1490. **Gargoulette**, décor polychrome. — Musée de Chambery.
1491. **Deux petits sphinx.** — Société archeologique de Touraine.
1492. **Pendule** en terre de pipe. Ep. de Louis XV. — Musée de Narbonne.

PORCELAINES PATE TENDRE

FABRIQUE DE ROUEN

1493. **Pot de toilette**, décor bleu. Marque A. P. — Mme G. Papillon.

FABRIQUE DE SAINT-CLOUD

1494. **Potiche**, décor Berain en camaieu bleu. — M. Guérin.
1495. **Grand pot à poudre**, décor lambrequins en bleu. — M. Guérin.
1496. **Grand pot de toilette**, décor camaieu bleu. — M. Guerin.
1497. **Pot de toilette**, décor camaieu bleu. — M. Guérin.
1498. **Moutardier**, décor camaieu. Marque au Soleil. — M. Guérin.
1499. **Gobelet**, décor de lambrequins camaieu bleu. — M. Guerin.
1500. **Petit pot de toilette**, décor de lambrequins. — M. Guerin.
1501. **Petit pot de toilette**, décor de lambrequins. — M. Guerin.
1502. **Salière ronde**, fleurettes et décor, quadrillé. — M. Guerin.
1503. **Salière à pans coupés**, décor bleu. — M. Guerin.
1504. **Salière à pan coupes**, décor bleu. — M. Guerin.
1505. **Coquetier** lambrequins en camaieu bleu. — M. Guérin.
1506. **Sucrier** décor blanc de fleurs en relief. — Mme G. Papillon.
1507. **Cornet** cylindrique, décor bleu. — Mme G. Papillon.
1508. **Statuette** de bouquetière. — Mme G. Papillon.
1508 *bis*. **Cornet**, décor bleu. — M. Beurdeley.
1509. **Potiche**, decor Bérain, camaieu bleu. — M. Doistau.

FABRIQUE DE CHANTILLY

1510. **Magot chinois** formant encrier. — M. André.
1510 *bis*. **Vase**, pot pourri décor fond jaune. — M. André.
1511. **Pot à lait**, décor de fleurs. — M. Guerin.
1512. **Vase** en biscuit. Marque D V. — M. Guerin.
1513. **Vase** en biscuit. Marque D V. — M. Guerin.
1514. **Pot à lait**, décor en relief. — Mme G. Papillon.
1515. **Sucrier** côtelé, polychrome, dit à l'écureuil. — Mme G. Papillon.
1516. **Pot de toilette**, décor vert, jaune et brique. — M. Guerin.
1517. **Assiette**, décor bleu; Villers-Cotterets. — Mme G. Papillon.
1518. **Assiette**, décor polychrome. — Mme G. Papillon.

FABRIQUE DE MENNECY

1519. **Sucrier** avec sa cuiller, décor polychrome. — M. Guérin.
1520. **Sucrier** avec sa cuiller, décor polychrome. — Id.
1521. **Moutardier** avec sa cuiller, décor de fleurs. — Id.
1522. **Vase Médicis**, décor de fleurs polychromes. — Id.
1523. **Petit vase Médicis**, décor de fleurs polychromes. — Id.
1524. **Statuette** de chinois, décor de fleurs vertes et jaunes. — Id.
1525. **Statuette** de Chinois, décor de fleurs vertes et jaunes. — Id.
1526. **Tasse**, guirlandes de fleurs et fleurs en relief. — Id.
1527. **Socle**, décor de guirlandes de fleurs. — Id.
1528. **Ecuelle à anses**, décor de fleurs. — Id.
1529. **Pot de toilette** décor blanc de fleurs en relief. — Id.
1530. **Groupe en blanc**: le Remouleur. — Mme G. Papillon.
1531. **Groupe en blanc**: le Marchand de cidre. — Mme G. Papillon.
1532. **Pot de toilette**, décor polychrome à l'écureuil. — Mme G. Papillon.
1533. **Coquetier** décor polychrome, guirlandes de fleurs. — Id.
1534. **Pot de toilette**, décor polychrome de fleurs. — Id.
1535. **Potiche**, décor polychrome de fleurs en relief. — Id.
1536. **Groupe d'enfants**, polychrome. — M. Fitz Henry.
1537. **Deux vases**, décor d'oiseaux. — M. Andre.
1538. **Deux petits pots à lait.** — M. Auscher.

FABRIQUE DE VINCENNES

1539. Tasse et soucoupe, décor blanc, fleurs en relief. — M. Guérin.
1540. Tasse et sa soucoupe, décor polychrome. — Mme Masson.

FABRIQUE DE SÈVRES

1541. Groupe, biscuit : le Marchand de plaisirs. — Mme G. Papillon
1542. Groupe biscuit : le Montreur de lanterne magique. — Mme G. Papillon.
1543. Petit pot à lait, rose d'or. — M. Auscher.
1544. Tasse et soucoupe, bouquets de fleurs, 1793. — M. Auscher.
1545. Petit pot à lait, quadrillés vert pomme, 1758. — Mlle Granjean.
1546. Pot à lait à trois pieds, fond bleu à œil de perdrix. — Mlle Granjean.
1547. Pot à lait à trois pieds, fond bleu turquoise. Mlle Granjean.
1548. Petit plateau carré, fond vert. — Mlle Granjean.
1549. Grande tasse, fond bleu de Vincennes, 1753. — Id.
1550. Tasse fond bleu de roi, 1765. — Mlle Granjean.
1551. Trois tasses de forme conique renversée. — Mlle Granjean.
1552. Tasse, forme conique renversée, bleu turquoise, 1755. — Mlle Granjean.
1553. Vase piriforme renversé à côtes, avec couvercle émail rose, 1758. — Id.
1554. Deux vases forme balustre à pans, fond gros bleu. — Id.
1555. Deux vases forme balustre à pans, fond gros bleu. — Id.
1556. Plateau à bord découpé, rose Pompadour et or, 1758. — Id.
1557. Deux petites jardinières, fond gros bleu, 1756. — Id.
1558. Déjeuner, fond rose marbré de bleu et d'or. — Id.
1559. Sucrier ovale, fond gros bleu, 1759. — Id.
1560. Petit déjeuner, décor polychrome à coquilles, 1763. — Id.
1561. Bourdaloue, décor de bandes bleu de roi. — Id.
1562. Coquetier, décor de bouquets de roses ; œuf de porcelaine tendre monté en or. — Id.
1563. Saucière oblongue ; fond gros bleu, 1761. — Id.
1564. Deux salières à trois places. — Id.
1565. Petit pot à crème myosotis. — Id.
1566. Soupière et son plateau. — M. Doistau.
1566 bis. Tasse et sa soucoupe, décor fond jaune. — M. Louis Mannheim.

FABRIQUE DE BOURG-LA-REINE

1567. Sucrier, décor imitant les porcelaines de Chine. — Mme G. Papillon.

FABRIQUE D'ARRAS

1568. Soupière oblongue, à décor de petits bouquets bleus. — Musée d'Arras.
1569. Assiette, même décor. — Musée d'Arras.
1570. Assiette à bords découpés, décor polychrome. — Musée d'Arras.

SÈVRES PATE DURE

1571. Cafetière, époque Louis XVI, vers 1778. — M. Auscher.
1572. Pot décoré de médaillons et de rinceaux. — Mlle Granjean.
1573. Service complet, époque de Louis XVI. — M. Gabriel Hémerdinger.

V

Orfèvrerie.

1574. Fragments d'argenterie, époque gallo-romaine. — Musée de Valenciennes.
1575. Dieu lare, époque gallo-romaine. — Musée de Vienne.
1576. Trésor d'argenterie gauloise trouvé à Chaourse (Aisne) (reproduction galvanoplastique). — Par M. Dautrême.
1577. Petite châsse, IXe siècle. — Église Saint-Benoit-sur-Loire (Loiret).
1578. Tableau reliquaire hexagone. VIe siècle. — Église de Conques.
1579. Tableau reliquaire pentagone, au VIIe siècle. — Église de Conques (Aveyron).

1580. Reliquaire de Pépin, ix° siècle. — Eglise de Conques (Aveyron).
1581. A dit de Charlemagne, x° siècle. — Eglise de Conques.
1582. Sainte Foy, statue en or, x° siècle. — Eglise de Conques.
1583. Reliure de l'Evangéliaire de saint Gauzelin, x° siècle. — Cath. de Nancy.
1584. Calice et patène de saint Gauzelin, x° siècle. — Cathédrale de Nancy.
1585. Croix à deux croisillons, xi° siècle. — Musée de Dijon.
1586. Reliquaire de Begon, xi° siècle. — Eglise de Conques.
1587. Reliquaire du Pape Pascal, xi° siècle. — Eglise de Conques.
1588. Crosse en bronze, xi° siècle. — Musée de Clermont-Ferrand.
1589. Reliquaire de la sainte Epine, xii° siècle. — Religieuses Aug. d'Arras.
1590. Reliquaire de la sainte Epine, xii° siècle. — M. Sigismond Bardac.
1591. Pied de chandelier, xii° siècle. — M. Sigismond Bardac.
1592. Flambeau triangulaire, xii° siècle. — M. le baron Oppenheim.
1593. Pied de Croix, xii° siècle. — Musée de Saint-Omer.
1594. Crosse ornée, xii° siècle. — Musée de Saint-Jean, à Angers.
1595. Croix reliquaire à double traverse, xii° siècle. — Eglise du Dorat.
1596. Reliquaire, xii° siècle. — Eglise de Château-Ponsac.
1597. La Vierge assise et l'Enfant Jésus, xii° siècle. — Eg. de Conques.
1598. Croix-reliquaire, xii° siècle. — Eglise de Conques.
1599. Autel portatif de Bégon, xii° siècle. — Eglise de Conques.
1600. Calice dit de saint Rémy, xii° siècle. — Cathédrale de Reims.
1601. Petit chef-reliquaire, xii° siècle. — Eglise Saint-Rémy, de Reims.
1602. Reliquaire dit de Samson, xii° siècle. — Cathédrale de Reims.
1603. Mors de chape, xii° siècle. — Musée des antiquités de la Seine-Inférieure.
1604. Médaillon quadrilobé, xii° siècle. — Musée des antiquités de la Seine-Inf^{re}.
1605. Médaillon circulaire, xii° siècle. — Musée des antiquités de la Seine-Inf^{re}.
1606. Médaillon circulaire, xii° siècle. — Musée des antiquités de la Seine-Inf^{re}.
1607. Croix-reliquaire de Valasse, xii° siècle. — Id.
1608. Châsse, xii° siècle. — Eglise de Nantouillet.
1609. Croix reliquaire, xii° et xiii° siècle. — Eglise de Charentilly.
1610. Deux petites châsses, x° siècle. — Eglise de Saint-André-lez-Troyes.
1611. Reliquaire de la vraie Croix, xii° et xiv° siècles. — Eg. de Jaucourt (Aube).
1612. Croix, xii° siècle. — Notre-Dame de la Coudre à Auxon.
1613. Crosse, xii° siècle. — Musée diocésain d'Angers.
1614. Chef-reliquaire de Saint Baudime, xii° siècles. — Eglise de Saint-Nectaire.
1615. Chef de saint en argent, xii° siècle. — M. Ed. Corroyer.
1617. Ciboire dit la Sainte-Coupe, xiii° siècle. — Cathédrale de Sens.
1618. Croix processionnelle, xiii° siècle.
1619. Deux tableaux d'un triptyque, xiii° siècle. — Eglise de Conques.
1620. Crosse en cuivre, xiii° siècle. — Musée archéologique de Senlis.
1621. Croix de procession, xii° siècle. — Musée des Antiques de Bordeaux.
1622. Couverture d'évangéliaire, xiii° siècle. — M. J. S. Taylor, à Londres.
1623. Crosse provenant de Corbie, xiii° siècle. — Musée d'Amiens.
1624. Reliquaire en forme de monstrance, xiii° siècle. — Musée d'Amiens.
1626. Croix-reliquaire, xiii° siècle. — Musée Saint-Raymond, à Toulouse.
1627. Crosse dite de sainte Aldegonde, xiii° siècle. — Eglise de Maubeuge.
1628. Masque de femme, xiii° siècle. — Musée Saint-Jean, Angers.
1629. Croix-reliquaire, xiii° siècle. — Musée de Bourges.
1630. Plaque rectangulaire : la Vierge, fin du xiii° siècle. — M. P. Garnier.
1631. Crosse, xiii° siècle. — Musée de Dijon.
1632. Coupe de saint Bernard. — Musée de Dijon.
1633. Main demi-ouverte, xiii° siècle. — M. Sigismond Bardac.
1634. Mors de Chape, xiii° siècle. — Musée de Narbonne.
1635. Croix, xii° siècle. — Musée Saint-Jean, à Angers.
1636. Grand reliquaire triptyque, xiii° siècle. — M. Martin Le Roy.
1637. Reliquaire pédiculé, xiii° siècle. — Eglise d'Arnac-la-Poste (H^{te}-Vienne).
1638. Gémellion, xiii° siècle. — Eglise de Conques.
1639. Croix-reliquaire, xiii° siècle — Eglise de Flaujac (Aveyron).
1640. Bras-reliquaire de saint Vincent, xiii° s. — Eglise de Conques (Aveyron).
1641. Moustrance, xiii° siècle. — Eglise de Saint-Riquier (Somme).
1642. Reliquaire de cristal, xiii° siècle. — Eglise de Saint-Riquier (Somme).
1643. Reliquaire cylindrique en cristal, xiii° s. — Eglise de St-Riquier (Somme).
1644. Croix-reliquaire du Paraclet, xiii° siècle. — Cathédrale d'Amiens.
1645. Couronne du Paraclet, xiii° siècle. — Cathédrale d'Amiens.
1646. Vase-reliquaire du Paraclet, xiii° siècle. — Cathédrale d'Amiens.
1647. Reliquaire pédicule, xiii° siècle. — Eglise de Murtin (Ardennes).
1648. Croix reliquaire, xiii° siècle. — Eglise de Blanchefosse (Ardennes).
1649. Reliquaire phylactère, xiii° siècle. — Cathédrale de Reims.
1650. Deux bras-reliquaires, xiii° siècle. — Eglise de Saint-Pierre de Varzy.
1651. Châsse, xiii° siècle. — Eglise du Coudray Saint-Germer (Oise).
1652. La Vierge et l'Enfant, xiii° siècle. — Eglise de St-Paul (Alpes-Maritimes).

1653. Deux crosses, XIII° siècle. — Musée des antiquités de la Seine-Inférieure.
1654. Bras-reliquaire, XIII° siècle. — Id.
1655. Boîte aux saintes huiles, XIII° siècle. — Id.
1656. Agrafe, XIII° siècle. — Id.
1657. Croix. XIII° siècle. — Eglise d'Ussy.
1658. Chef de saint Adrien, XIII° siècle. — Cathédrale de Tours.
1659. Châsse. Limoges, XII° siècle. — M. le comte Chandon de Briailles.
1660. Croix, XIII° siècle. — Cathédrale de Nancy.
1661. Crosse épiscopale, XIII° siècle. — Cathédrale de Cahors.
1662. Croix-reliquaire, XIII° siècle. — Eglise de Rouvres (Côte-d'Or).
1663. Châsse de Saint-Taurin, XIII° siècle. — Eglise de Saint-Turnin (Evreux).
1664. Châsse, XIII° siècle. — Eglise de Saint-Gildas-du-Rhuys.
1665. Croix en argent doré, XIII° siècle. — Eglise d'Orval (Cher).
1666. Calice et patène de l'évêque Hervé (1223), XIII° s. — Cathéd. de Troyes.
1667. Reliquaire de saint Pierre et saint Paul, XIII° s. — Cathed. de Reims.
1668. Croix en cuivre doré, XIII° siècle. — Musée diocésain d'Angers.
1669. Reliquaire octogonal, XIII° siècle. — Eglise de Varzy (Nièvre).
1670. Reliquaire de sainte Eugénie, XIII° siècle. — Eglise de Varzy (Nièvre).
1671. Châsse de saint Regnobert, XIII° siècle. — Eglise de Varzy (Nièvre).
1672. Crosse, XIV° siècle. — Musée de Saint-Omer.
1673. Reliquaire pédiculé, XIV° siècle. — Eglise Saint-Michel, à Limoges.
1674. Monstrance circulaire, XIV° siècle. — Eglise de Conques (Aveyron).
1675. Chef reliquaire, XIV° siècle. — Eglise de Conques (Aveyron).
1676. Chef-reliquaire, XIV° siècle. — Eglise de Conques (Aveyron).
1677. Chauffe-mains, XIV° siècle. — Eglise de Saint-Riquier (Somme).
1678. Chef-reliquaire de Saint Féréol, XIV° s. — Eglise de Nexon (H°-Vienne).
1679. La Vierge et saint Jean, XIV° siècle. — M. Edmond Corroyer.
1680. Saint Jean, XIV° siècle. — M. Edmond Corroyer.
1681. Croix de procession, XV° siècle. — Ancienne cathédrale d'Auxerre.
1682. Ostensoir pédiculé, XIV° siècle. — Eglise de Conques (Aveyron).
1683. Reliquaire à quatre lobes, XV° siècle. — Eglise de Conques (Aveyron).
1684. Plaque d'argent estampé, XV° siècle. — Musée de Péronne.
1685. Bras-reliquaire de saint Quirin. — Eglise de Camblain-Chatelain (Pas-de-Calais).
1686. Saint André, XV° siècle. — Eglise Saint-André, de Reims.
1687. Croix reliquaire, XIII° siècle. — Eglise de Souilly (Meuse).
1688. Deux bras-reliquaires, XIII° siècle. — Eglise de Beaulieu (Corrèze).
1689. Vierge assise, XII° siècle. — Eglise de Beaulieu (Corrèze).
1690. Châsse de saint Fursy, XIV° siècle. — Eglise de Gueschart (Somme).
1691. Petit reliquaire cylindrique, XIV° siècle. — Eglise de Beaulieu (Corrèze).
1692. Reliquaire pédiculé, XIV° siècle. — Eglise de Saint-Paul (Alpes-Maritimes)
1693. Reliquaire de saint François et de sainte Claire.
1693 bis. Chef reliquaire de St-Ferréol, XIV° siècle. — Eglise de Nexon.
1694. Reliquaire de saint Honorat, XIV° siècle. — Eglise d'Auribeau.
1695. Reliquaire, XIV° siècle. — Eglise de Saint-Paul.
1696. Croix processionnelle, XIV° siècle. — Eglise de Saint-Paul.
1697. Baiser de paix, XVI° siècle. — Cathédrale de Nice.
1698. Reliquaire en argent, XIX° siècle. — Musée d'antiquités de la Seine-Inférieure.
1699. Chef-reliquaire de sainte Essence. — Eglise de Saint-Martin de Brive.
1699 bis. Chef-reliquaire de saint Martin, XIV° siècle. — Eglise de Soudeilles.
1700. Saint évêque, XIV° siècle. — Musée des antiquités de la Seine-Inférieure.
1701. Crosse de Pierre d'Arcis, 1395. — Cathédrale de Troyes.
1702. Reliquaire de saint Vivien, XIV° siècle. — Eglise de Bruyères.
1703. Chef-reliquaire de saint Dumine, XIV° siècle. — Eglise de Gimel.
1704. L'Ancien et le Nouveau Testament, bas-relief, XVIII° siècle. — Musée de Dijon.
1705. Croix d'autel, XV° siècle. — Eglise de Chambellay.
1706. Reliquaire en forme de tour. — M. Camp, à Hambourg.
1707. Sainte Foy, statuette, XV° siècle. — Eglise de Conques.
1708. Croix processionnelle, XV° siècle. — Eglise de Béhen.
1709. Saint Nicolas assis, XV° siècle. — Eglise Saint-Jacques d'Amiens.
1710. Calice, XV° siècle. — Eglise de Vergies.
1711. Saint Christophe, XV° siècle. — Eglise de Longpré-les-Corps-Saints.
1712. Reliquaire, XV° siècle. — Eglise de Murton. Ardennes.
1713. Ostensoir pédiculé, XV° siècle. Cathédrale de Reims.
1714. Croix processionnelle, XV° siècle. — Eglise de Saint-Martin-Vesubie.
1715. Calice, XV° siècle. — Eglise de Saint-Dalmas de Valdeblore.
1716. Monstrance. — Eglise de Lucéram.
1717. Reliquaire pédiculé, XV° siècle. — Eglise de Saint-Paul.
1718. Saint Jean-Baptiste, XV° siècle. — Eglise de Saint-Paul.

1719. Bras reliquaire de saint Antoine, 1467. — Eglise de Saint-Paul.
1720. Saint Sébastien, xv° siècle. — Eglise de Saint-Paul.
1721. Deux croix processionnelles, xv° siècle. — Eglise de Chorges (Hautes-Alpes).
1722. Reliquaire en forme de châsse, xv° siècle. — Musée du Puy.
1723. Ostensoir pédiculé, xv° siècle. — Musée des antiquités de la Seine Inférieure.
1724. Reliquaire du doigt de saint Julien, xv° siècle. — Cathédrale du Mans.
1725. Bras-reliquaire de saint Mary, xv° s. — Eglise de Saint-Mary-le-Cros.
1726. Reliquaire du xv° siècle. — Eglise de Chancelade.
1727. Reliquaire, xv° siècle. — Eglise de Villemaur.
1728. Diptyque reliquaire, 1495. — Eglise de Quimperven.
1729. Bras-reliquaire, xv° siècle. — Eglise de Saint-Lupicin.
1730. Ostensoir pédiculé, xv° siècle. — Cathédrale de Rouen.
1731. Petite châsse, xv° siècle. — Eglise de Saint-Nic.
1732. Croix processionnelle, xv° siècle. — Eglise d'Ahetze.
1733. Chef-reliquaire de sainte Fortunade. xv° s. — Eglise de Sainte-Fortunade.
1734. Bras-reliquaire, xv° siècle. — Eglise de Mairy (Ardennes).
1735. Bras-reliquaire xx° siècle. — Cathédrale d'Angers.
1736. Reliquaire en forme de coutelas, xv° siècle. — Musée diocésain d'Angers.
1737. Autel portatif, xv° siècle. — Cathédrale de Chartres.
1738. Reliquaire de sainte Aldegonde, xv° siècle. — Eglise de Maubeuge.
1739. Petite monstrance reliquaire xv° siècle. — M. Ed. Corroyer.
1740. Petite monstrance, xv° siècle. — M. Ed. Corroyer.
1741. Croix reliquaire, xv° siècle. — M. Ed. Corroyer.
1742. Encensoir, xv1° siècle. — Eglise de Conques.
1743. Tablette, signes de métiers ou d'orfévres. — Musée de Compiègne.
1744. Ostensoir, xv1° siècle. — Musée des antiques de Bordeaux.
1745. Cavalier en étain, xv1° siècle. — Musée de Péronne.
1746. Saint Nicolas, 1450. — Eglise d'Avesne-le-Comte.
1747. Encensoir xv1° siècle. — Eglise de Courrières.
1748. Hanap, xv1° siècle. — M°° la marquise Asconati Visconti.
1749. Couronne de Marguerite de Bavière. — Musée de Dijon.
1750. Encensoir, en argent fin du xv1° siècle. — Eglise de Troô.
1751. Calice, xv1° siècle. — Eglise Sainte-Croix, d'Aubusson.
1752. Calice en vermeil, xv1° siècle. — De l'Hôpital de Limoges.
1753. Encensoir, fin du xv1° siècle. — Eglise de Conques (Aveyron).
1754. Croix de procession du xv1° siècle. — Eglise de Conques (Aveyron).
1755. Reliure d'évangéliaire, xv1° siècle. — Eglise de Conques (Aveyron).
1756. Croix processionnelle, xv1° siècle. — Eglise de Conques (Aveyron).
1757. Statuette de la Vierge, 1394. — Eglise de Pont-Rémy (Somme).
1758. Statuette de la Vierge, xv1° siècle. — Eglise Saint-Wulfran, Abbeville.
1759. Calice en argent, 1575. — Eglise de Berru (Marne).
1760. La Résurrection, groupe, 1547. — Cathédrale de Reims.
1761. Reliquaire de sainte Ursule, 1575. — Cathédrale de Reims.
1762. Croix processionnelle, xv1° siècle. — Eglise de Broyes.
1763. Patenôtres, xv1° siècle. — Eglise de Saint-Benoît-sur-Loire (Loiret).
1764. Bras-reliquaire, xv1° siècle. — Eglise de Palau del Vidre (Pyrén.-Orient.).
1765. Reliquaire pédiculé, xv1° siècle. — Eglise de Saint-Paul (Alpes-Maritimes).
1766. Calice en argent doré. 1563. — Eglise d'Auribeau (Alpes Maritimes).
1767. Sainte Marthe et la Tarasque, xv1° siècle. — Egl. de Lucéram (Alp.-Mar.).
1768. Ciboire argent doré, xv1° siècle. — Eglise des Epesses (Mayenne).
1769. Ostensoir en argent doré, xv1° siècle. — Eglise des Epesses (Vendée).
1770. Petite châsse, émaux translucides, xv1° siècle. — Cathédrale du Mans.
1771. Reliquaire en argent, xv1° siècle. — Eglise de Millas (Pyrénées-Orientales).
1772. Reliquaire, xv1° siècle. — Cathédrale de Perpignan.
1773. Croix processionnelle, xv1° siècle. — Eglise de Camélas (Pyrén.-Orient.).
1774. Croix processionnelle, xv1° siècle. — Eglise de Cassaniouze (Cantal).
1775. Plaquette en cuivre doré: Vierge et Enfant Jésus, xv1° siècle. — M. Artus.
1776. Boîte de toilette, xv1° siècle. — M. le comte de La Bourmène.
1777. Croix-reliquaire, xv1° siècle. — Eglise Saint-Saturnin, à Tours.
1778. Pyxide en argent doré, xv1° siècle. — M. Artus.
1779. Plan en relief de la ville de Soissons, 1560. — Cathédrale de Soissons.
1780. Saint Maclou, xv1° siècle. — Eglise Saint-Maclou, Bar-sur-Aube.
1781. Croix processionnelle, xv1° siècle. — Eglise Saint-Maclou, Bar-sur-Aube.
1782. Nef de nacre, xv1° siècle. — Eglise de Saint-Nicolas-du-Port.
1783. Croix d'Autel, 1555. — Eglise de Saint-Mihiel.
1784. Calice et patène, argent doré, 1585. — Eglise de Damvillers.
1785. Calice en argent doré, xv1° siècle. — Cathédrale de Chartres.
1786. Navette à encens, xv1° siècle. — Cathédrale de Chartres.
1787. Reliquaire de saint Saintin, argent, 1598. — Evêché de Verdun.
1788. Calice, argent doré, 1585. — Eglise de Damvillers (Meuse).
1789. Reliquaire pédiculé, xv1° siècle. — Eglise de Chienné.

1790. Croix processionnelle, 1586. — Eglise de Montreuil-le-Gast.
1791. Petite châsse, xvi⁰ siècle. — Eglise de Plourah.
1792. Croix et chandeliers, époque de Louis XVI. — Cathédrale d'Autun.
1793. Croix processionnelle, xvi⁰ siècle. — Eglise de Saint-Jean-du-Doigt.
1794. Ostensoir, xvi⁰ siècle. — Eglise de Locronan.
1795. Châsse reliquaire, xvi⁰ siècle. — Eglise de la Matyre.
1796. Calice et sa patène, xvi⁰ siècle. — Eglise de Plourah.
1797. Croix, xvi⁰ siècle. — Eglise de Savigny-en-Septaine.
1798. Croix processionnelle, xvi⁰ siècle. — Eglise de Mareuil.
1799. Croix processionnelle, xvi⁰ siècle. — Eglise de Villemaur.
1800. Reliquaire, 1500. — Eglise de Plounez.
1801. Reliquaire, xvi⁰ siècle. — Eglise de Coulombs.
1802. Coupe, xvi⁰ siècle. — M. Alb. Maignan.
1803. Petite croix reliquaire, xvi⁰ siècle. — M. Ed. Corroyer.
1804. Monstrance, xvi⁰ siècle. — M. Ed. Corroyer.
1805. Calice, xviii⁰ siècle. — Grand séminaire d'Arras.
1806. Bras-reliquaire, xxii⁰ siècle. — Eglise de Mailhac.
1807. Calice et patène, xviii⁰ siècle. — Eglise Saint-Rémy de Reims.
1808. Calice et patène, xviii⁰ siècle. — Eglise d'Hardanges.
1809. Ciboire, xviii⁰ siècle. — Eglise de Saint-Antoine.
1810. Calice, xviii⁰ siècle. — Eglise de Notre-Dame, Fontenay-le-Comte.
1811. Calice, xviii⁰ siècle. — Eglise de Montbrison.
1812. Ciboire, xviii⁰ siècle. — Eglise Notre-Dame La Riche, à Tours.
1813. Calice et patène, xviii⁰ siècle. — Cathédrale de Tours.
1814. Reliquaire forme ovale, xviii⁰ siècle. — M. Artus.
1815. Râpe à tabac, époque de Louis XIV. — M. Artus.
1816. Calice et patène, époque de Louis XIII. — Cathédrale de Troyes.
1817. Ostensoir, époque de Louis XIII. — Cathédrale de Troyes.
1818. Pièces formant la chapelle de Colbert de Villacerf, xviii⁰ siècle. — Cathédrale de Troyes.
1819. Coffret, écaille blonde garnie d'argent, xviii⁰ siècle. — Cathédrale de Nancy.
1820. Calice, 1645. — Eglise de Mesnil-Amand.
1821. Calice et patène, xviii⁰ siècle. — Cathédrale de Lyon.
1822. Croix processionnelle, argent doré, xviii⁰ siècle. — Id.
1823. Calice en argent doré, xviii⁰ siècle. — Eglise de Plougasnou.
1824. Ostensoir argent doré, xviii⁰ siècle. — Eglise de Plougasnou.
1825. Croix processionnelle, 1610. — Eglise de Plouvez.
1826. Aiguière et son plateau, époque de Louis XIV. — M. Ed. Corroyer.
1827. Ecuelle à bouillon du Grand Dauphin, 1699. — M. Ed. Corroyer.
1828. Table de cuivre, poinçons d'orfèvres, xviii⁰ siècle. — Musée d'Arras.
1829. Calice, xviii⁰ siècle. — Eglise de Recques.
1830. Bougeoir en forme de chaise à porteurs, xviii⁰ siècle. — M. Haviland.
1831. Tasse à vin, argent, xviii⁰ siècle. — M. Coiffet.
1832. Deux plats, époque de Louis XIV. — M. Lutz.
1833. Réchaud, époque de Louis XV. — M. Lutz.
1834. Aiguière en jaspe, montée en or. — Baronne James de Rothschild.
1835. Deux légumiers circulaires, xviii⁰ siècle. — M. Lutz.
1836. Sucrier ovale. — M. Lutz.
1837. Ecuelle à bouillon, époque de Louis XV. — M. Lutz.
1838. Service complet d'orfèvrerie en vermeil, exécuté par Henri-Nicolas Cousinet, en 1729, pour la reine Marie Leczinska.
1839. Paire de flambeaux Louis XVI. — M. Doistau.
1840. Paire de flambeaux Louis XVI. — M. Doistau.
1841. Paire de couteaux à manche d'or, Louis XVI. — M. Doistau.
1842. Bouillotte et son réchaud, en or, époque de Louis XVI. — M. Doistau.
1843. Légumier et plateau en vermeil, xviii⁰ siècle. — M. Doistau.
1844. Boîte à épices, argent, époque de Louis XIV. — M. Doistau.
1845. Petit bougeoir Louis XV. — Mˡˡᵉ Granjean.
1846. Grande soupière, par F.-T. Germain, 1775. — M. d'Haussonville.
1847. Moutardier, époque de Louis XVI. — M. Lutz.
1848. Cuvettes et pot à eau, époque de Louis XVI. — Mˡˡᵉ Granjean.
1849. Deux salières, époque de Louis XVI. — M. Lutz.
1850. Burettes et plateau, époque de Louis XV. — Cathédrale de Nancy.
1851. Flambeaux, par Caffieri. — Cathédrale de Bayeux.

VI

Bijouterie. — Joaillerie. — Horlogerie.

1852-1853. Parures gauloises : torques, fibules, bracelets en bronze. — M. Bosteaux-Paris.
1854. Quatre bracelets en bronze, époque gauloise. — Musée de Mende.
1855. Parure gauloise, bronze, époque gauloise. — Musée de Lons-le-Saulnier.
1856. Série de colliers, époque gallo-romaine.
1857. Fibules et objets divers, époque gallo-romaine. — M. Boulanger.
1858. Fibules, bracelets, épingles, pendeloque, boucles d'oreilles, époque gauloise. — M. Changarnier.
1859. Bracelets, époque gallo-romaine. — M. Boulanger.
1860-1862. Manches, fibules en bronze émaillé, époque gallo-romaine. — Musée de Péronne.
1863. Fibules et petits bronzes, époque gallo-romaine. — M. Bertrand.
1864-1865. Fibules émaillées et bracelets d'or. Musée St-Raymond, à Toulouse.
1866. Grande fibule, époque gallo-romaine. — Musé de Chartres.
1867-1868. Deux anneaux de jambes et ornements en spire, époque gallo-romaine. — Musée de Narbonne.
1869-1870. Trois bagues bracelets, cuiller, époque gallo-romaine. — M. Jules Protat, à Mâcon.
1871. Petit moule en terre pour la fabrication des bijoux, époque barbare. — Musée d'Agen.
1872-1884. Phalères, torques, fibules, bracelets, boucles d'oreilles, styles, boucles, bagues, etc., époques gauloise, gallo-romaine et barbare. — M. Léon Morel, à Reims.
1885. Trésor barbare, découvert à Pouan (Aube), en 1842. — Musée de Troyes.
1886-1890. Fibules, boutons, boucles en bronze, ép. barbare. — Musée de Troyes.
1891-1898. Colliers, boucles d'oreilles, boucles de ceinture et plaques, bracelets, épingles, bagues, époque barbare. — M. Boulanger, a Péronne.
1899-1905. Fibules, époque barbare. — Musée de Péronne.
1906. Fibule, boucles, agrafes, en bronze, époque barbare. — Musée de St-Omer.
1907. Rondelle en bronze, époque barbare. — Musée de Chartres.
1908. Fragment d'une boucle en bronze, époque barbare. — Musée d'Agen.
1909-1917. Fibules, boucles, plaques de ceinture en bronze, époque barbare — M. Alb. Maignan.
1918-1926. Bague, deux fibules, pendant d'oreille, époque barbare. — Musée de Reims.
1927. Boucle de ceinture, époque barbare. — Musée de Chambéry.
1828-1930. Fibules, époque barbare. — Musée de Langres.
1931. Fibule en bronze émaillé, époque barbare. — Musée de Rodez.
1932. Série de boucles et plaques de ceinture, époque barbare. — Musée Saint-Raymond, à Toulouse.
1934. Bague en or, époque barbare. — M. Ed. Corroyer.
1935-1938. Fibule, plaque, boucles d'oreilles, époque barbare. — Musée d'Arras.
1940-1943. Fibule, boucles d'oreilles, deux fibules, boule de cristal de roche, époque barbare. — Musée d'Arras.
1944-1945. Agrafe et ornement circulaire, époque barbare. — Musée historique d'Orléans.
1946. Fibule circulaire en or, époque barbare. — Musée de Châteauroux.
1947. Fibule en bronze, ornée du monogramme du Christ, epoque barbare. — Musée des Monuments historiques, au Mans.
1948. Six grandes boucles en bronze, époque barbare. — Musée de Narbonne.
1949-1950. Plaques de ceinturons, époque barbare. — Musée de Lons-le-Saulnier.
1951. Anneau de saint Leubaix, argent, viie siècle. — Cathédrale de Tours.
1952. Plaque en cristal de roche gravée ; ixe siècle. — Musée des antiquités de la Seine-Inférieure.
1953. Bague, agrafes, épingle en or, époque carolingienne. — Musée d'Agen.
1954. Anneau de Saint-Gauzelin, xe siècle. — Cathédrale de Nancy.
1955. Anneau dit de saint Loup, xiie siècle. — Cathédrale de Sens.
1956. Anneau en or, xiiie. — Musée de Reims.
1957. Anneau en or, xiiie siècle. — Musée de Mâcon.
1958. Anneau épiscopal, xiiie siècle. — Musée de Mâcon.
1959. Anneau, xiiie siècle. — Musée de Mâcon.
1960. Quatre bagues de Marguerite de Bourgogne, xiiie siècle. — Hôpital de Tonnerre.
1961. Anneau cuivre, fin du xiiie siècle. — Musée de Dijon.

1962-1964. Fibules en argent doré, xiiie siècle. — Musée des Monuments historiques, au Mans.
1965. Bague ornée d'un saphir, xiiie siècle. — Musée de Saint-Jean, à Angers.
1966. Bague en or et perles, xive siècle. — Musée de Reims.
1967. Anneau du pape Grégoire XI, xive siècle. — Cathédrale de Sens.
1968. Disque en bronze émaillé, xve siècle. — Musée de Troyes.
1969. Bague en argent, xve siècle. — M. Ed. Corroyer.
1971. Manche de couteau, émail translucide, xive siècle. — M. Sigismond Bardac.
1972. Grand médaillon circulaire en nacre, xve siècle. — M. Ed. Corroyer.
1973. Petit médaillon, xvie siècle. — M. Coiffet.
1974. Bijoux du xvie siècle, provenant d'une même trouvaille faite dans le Nord de la France. — M. Alb. Maignan.
1975-1977. Boîte et étuis en or, xviiie siècle. — M. Aicard, à Marseille.
1978. Petite boîte, xviiie siècle. — M. Ricard, à Marseille.
1979. Étui à ciseaux en argent, époque de Louis XIII. — M. Artus.
1980-1998. Boîtes, nécessaires, coffrets, étuis, flacons, éventails, carnets de bal, etc., en or, émaux, pierres fines, etc., xviie et xviiie siècles.
2199-2318. Boîtes, carnets de bal, étuis, tabatières en or, émail et pierres fines, xviiie siècle. — Collection de M. le marquis de Thuisy.
2319-2338. Tabatières en or décorées de miniatures, xviiie siècle. — Collection de Mme la baronne James de Rothschild.
2339-2386. Montres des xvie au xviiie siècles. — Collection de M. Artus.
2387-2396. Montres du xvie siècle. — Collection de M. Paul Garnier.
2397-2401. Montres du xvie siècle. — Collection de M. le comte de la Bournière.
2402. Montres émaillées, xviiie siècle. — Collection de M. Bernard Franck.
2403-2405. Montres à boîtier en or émaillé, xviiie siècle. — Collection de M. Édouard Corroyer.
2404 bis. Treize montres et bijoux, xvie et xviiie siècles. — Collect. de M. Théwalt.

VII

Émaux champlevés.

2405. Autel portatif, xiie siècle. — Eglise de Conques (Aveyron).
2406. Coffret en cuir, décoré de disques. — Id.
2407. Châsse, xiie siècle. — Eglise de Bellac.
2408. Cinq plaques de châsse, xiie siècle. — M. Sigismond Bardac.
2409. Cinq plaques de coffret, xie ou xiie siècle. — Id.
2410. Quatre écoinçons d'évangéliaire. — Id.
2411. Grande figure d'applique, xiie siècle. — M. le baron A. Schickler.
2412. Grande châsse, fin du xiie siècle. — Eglise d'Ambazac.
2413. Châsse dite de saint Rémy, xiie siècle. — cathédrale de Châlons-sur-Marne.
2414. Châsse, fin du xiie siècle. — Ancienne cathédrale d'Auxerre.
2415. Petite châsse, fin du xiie siècle. — Cathédrale de Moutiers.
2416. Croix processionnelle, xiie siècle. — Eglise Saint-Pierre de Chalon-sur-Saône.
2417. Croix portant le Christ crucifié, fin du xiie siècle. — M. Doistau.
2418. Croix portant le Christ crucifié, xiie siècle. — M. Schiff.
2419. Petite Croix portant le Christ en croix, xiie siècle. — M. Sigismond Bardac.
2420. Petit coffret, xive siècle. — Cathédrale de Troyes.
2421. Plaque de reliure d'un psautier. — Cathédrale de Lyon.
2422. Plaque, fin du xiie siècle. — Musée archéologique de Nevers.
2423. Vingt plaques semi-circulaires, xiie siècle. — Cathédrale de Troyes.
2424. Plaque en forme d'équerre, xiie siècle. — Id.
2425. Six plaques, xiie siècle. — Id.
2426. Fût de colonnette, xiie siècle. — Id.
2427. Plaque, xiie siècle. — M. Ed. Corroyer.
2428. Médaillon ovale, le Christ, xiie siècle. — M. Martin Le Roy.
2429. Deux médaillons ovales, xiie siècle. — Id.
2430. Deux médaillons, xiiie siècle. — Musée de Lille.
2431. Plaque, le Christ en croix, xiiie siècle. — M. Campe.
2432. Sept pièces, du tombeau du comte de Champagne, xiie siècle. — M. de Troyes.
2433. Plaque quadrilobée, sainte Hélène, xiie siècle.
2434. Figure d'applique, xiie siècle. — M. Martin Le Roy.
2435. Porte-cierge, xiie siècle. — M. Ed. Corroyer.
2436. Deux flambeaux, fin du xiie siècle. — M. Martin Le Roy.
2437. Un Apôtre debout, xiie siècle. — Id.
2438. Crosse, xiie siècle. — M. Doistau.
2439. Crosse, xiie siècle. — M. Chalandon.

2440. Crosse, xiii° siècle. — Musée de Valenciennes.
2441. Crosse, xiii° siècle. — M. Martin Le Roy.
2442. Crosse, xiii° siècle. — M. Albert Lunel.
2443. Châsse, xiii° siècle. — M. Martin Le Roy.
2444. Châsse, xiii° siècle. — Id.
2445. Châsse, xiii° siècle. — Musée de Clermont-Ferrand.
2446. **Châsse de saint Exupère**. — Musée Saint-Raymond, à Toulouse.
2447. Petite châsse, xiii° siècle. — M. Sigismond Bardac.
2448. Petite châsse, xiii° siècle. — M. Cardon.
2449. **Châsse de sainte Valérie**, xiii° siècle. — M. Hubert Texier.
2450. Petite châsse, xii° siècle. — M. Martin Le Roy.
2451. Châsse, l'Annonciation, xiii° siècle. — Id.
2452. Châsse, de Sazeray, xii° siècle. — Musée de Châteauroux.
2453. Châsse, xiii° siècle. — Eglise de Saint-Merd de Lapleau.
2454. Châsse, xiii° siècle. — Eglise de Chamberet (Corrèze).
2455. Châsse xiii° siècle. — Ancienne cathédrale d'Apt.
2456. Grande châsse, xiii° siècle. — Eglise de Sarrancolin.
2457. Petite châsse, fin du xii° siècle. — M. Ed. Corroyer.
2458. Petite châsse, fin du xii° siècle. — Id.
2459. Petite châsse, xiii° siècle. — Id.
2460. Petite châsse, xiii° siècle. — Id.
2461. Châsse, xiii° siècle. — M. le comte Gaston Chandon de Briailles.
2462. Grande châsse, xiii° siècle. — Id.
2463. Châsse, xiii° siècle. — Id.
2464. Châsse, xiii° siècle. — Id.
2465. Châsse, xiii° siècle. — Cathédrale d'Albi.
2466. Petite châsse, xiii° siècle. — Eglise de Villemoyenne (Aube).
2467. Châsse, xiii° siècle. — Eglise d'Issoire.
2468. Châsse, xiii° siècle. — Eglise de Saint-Marcel (Cher).
2469. Châsse, xiii° siècle. — Eglise de Lamonjoie (Lot-et-Garonne).
2470. Petite châsse, xiii° siècle. — Eglise de Lunegarde La Bastit (Lot).
2471. **Châsse de Thomas Becket**, xiii° siècle. — Cathédrale de Sens.
2472. Châsse, xiii° siècle. — Acienne cathédrale d'Auxerre.
2473. Châsse, xiii° siècle. — Id.
2474. Châsse fin du xii° siècle. Musée du Puy.
2475. Châsse. — Musée des Antiquités de la Seine-Inférieure.
2476. Châsse, xiii° siècle. — Id.
2477. Châsse, xiii° siècle. — Eglise d'Ally (Cantal).
2478. Châsse, xiii° siècle. — Eglise de Salins (Cantal).
2479. Châsse, xiii° siècle. — Eglise du Vigean (Cantal).
2480. Petite châsse, xiii° siècle. — Eglise de Linard-Malval.
2481. Petite châsse, xiii° siècle. — Eglise de Laurière (Haute-Vienne).
2482. Châsse, xiii° siècle. — Eglise de Saint-Junien (Haute-Vienne).
2483. Châsse, xiii° siècle. — Musée de Compiègne.
2484. **Châsse, de Saint-Etienne**, xiii° siècle. — M. Aicard, à Marseille.
2485. Châsse, fin du xiii° siècle. — Musée des antiquités de la Seine-Inférieure.
2486. Pendeloque, xiii° siècle. — M. Sigismond Bardac.
2487. Plaque rectangulaire, xiii° siècle. — M. Ed. Corroyer.
2488. Plaque de reliure : xiii° siècle. M. Alb. Maignan.
2489. Christ, xiii° siècle. — M. Alb. Maignan.
2490. **Débris d'une châsse**, xiii° siècle. — Eglise de Solignac (Haute-Vienne).
2491. Plaque de reliure, xiii° siècle. — Musée des antiquités de la Seine-Inter.
2492. Plaque de reliure, xiii° siècle. — M. le comte Chandon de Briailles.
2493. Plaque de reliure, xiii° siècle. — Id.
2494. Grande plaque, xiii° siècle. — Id.
2495. Pyxide décorée de rosaces, xiii° siècle. — Id.
2496. Pyxide cylindrique, xiii° siècle. — Musée de Lille.
2497. Deux plaques, xiii° siècle. — Cathédrale de Troyes.
2498. Plaque, xiii° siècle. — M. le comte de Briailles.
2499. Plaque, xiii° siècle. — Cathédrale de Troyes.
2500. Deux plaques de reliure, xiii° siècle. — Eglise de Saint-Nectaire.
2501. Plaque de reliure. La crucifixion. — Mᵐᵉ Godet.
2502. Couverture d'évangéliaire, xiii° siècle. — M. Doistau.
2503. Plaque de reliure, xiii° siècle. — M. Chalandon.
2504. Pignon de châsse, xiii° siècle. — Id.
2505. Plaque de châsse, xiii° siècle. — M. Sigismond Bardac.
2506. Plaque de reliure, La crucifixion, xiii° siècle. — M. Martin Le Roy.
2507. Plaque rectangulaire, xiii° siècle. — Musée Saint-Jean, à Angers.
2508. Plaque d'évangéliaire, xiii° siècle. — M. Georges Salting.
2509. Couverture d'évangéliaire, xiii° siècle. — M. J.-E. Taylor.
2510. Plaque de croix, xiii° siècle. — Musée de Guéret.

2511. Plaque de croix, xiiie siècle. — Musée des antiques de Bordeaux.
2512. Grande plaque, xiiie siècle. — Musée de Chartres.
2513. Plaque de croix. — Musée des antiques de Bordeaux.
2514. Plaque rectangulaire, xiiie siècle. — M. Ch. Gillot.
2515. Plaque rectangulaire. Geoffroy Plantagenet, xiie siècle. — Musée du Mans.
2516. Plaque de livre, xiiie siècle. — Musée de Narbonne.
2517. Triptyque de châsse de saint Aignan, xiiie siècle. — Cathédrale de Chartres.
2518. Grand triptyque, xiiie siècle. — M. Campe.
2519. Vierge reliquaire, xiiie siècle. — M. Ed. Corroyer.
2520. Vierge assise, xiiie siècle. — M. le baron Oppenheim.
2521. La Vierge assise portant l'Enfant Jésus, xiiie siècle. — M. Martin Le Roy.
2522. Vierge en bois plaqué de cuivre doré, xiiie siècle. — Musée de Cahors.
2523. Groupe d'applique en bronze doré, xiiie siècle. — M. Martin Le Roy.
2524. Groupe d'applique en cuivre doré, xiiie siècle. — Id.
2525. Deux figures d'applique en cuivre doré, xiiie siècle. — M. Ch. Gillot.
2526. Vierge reliquaire, xiiie siècle. — Musée Saint-Raymond, à Toulouse.
2527. Mors de chape, xiie siècle. — M. le comte Chandon de Briailles.
2528. Moitié d'un mors de chape, xiiie siècle. — M. le comte Chandon de Briailles.
2529. Calice et patènes, xiiie siècle. — Musée Saint-Jean, à Angers.
2530. Pyxide, xiiie siècle. — M. Ch. Gillot.
2531. Pyxide, xiiie siècle. — Musée de Clermont-Ferrand.
2532. Trois pyxides, xiiie siècle. — Musée de Rodez.
2533. Pyxide, xiiie siècle. — M. Doistau.
2534. Pyxide, xiiie siècle. — M. le comte Chandon de Briailles.
2535. Pyxide, xiiie siècle. — Id.
2536. Custode et cuivre gravé, xiiie siècle. — Id.
2537. Pyxide décorée du monogramme du Christ, xiiie siècle. — Id.
2538. Pyxide, xiie siècle. — Cathédrale d'Amiens.
2539. Pyxide cylindrique, xiiie siècle. — Cathédrale de Lyon.
2540. Trois pyxides cylindriques, xiiie siècle. — Mus. des ant. de la Seine-Infre.
2541. Deux custodes cylindriques, xiiie siècle. — Cathédrale du Mans.
2542. Pxyide cylindrique, xiiie siècle. — M. Ed. Corroyer.
2543. Pyxide carrée, xiiie siècle. — Id.
2544. Pyxide cylindrique, xiiie siècle. — M. Ed. Corroyer.
2545. Navette à encens, xiiie siècle. — Musée de Chartres.
2546. Navette à encens, xiiie siècle. — Musée de Clermont-Ferrand.
2547. Navette à encens, xiiie siècle. — Musée de Rodez.
2548. Navette à encens, xiiie siècle. — M. Martin Le Roy.
2549. Navette à encens, xiiie siècle. — M. Doistau.
2550. Navette à encens, xiiie siècle. — Cathédrale de Troyes.
2551. Navette à encens, xiiie siècle. — M. le comte Chandon de Briailles.
2552. Navette à encens, xiie siècle. — Ancienne cathédrale d'Auxerre.
2553. Navettes à encens, xiiie siècle. — M. Alb. Maignan.
2554. Colombe eucharistique, xiiie siècle. — M. J.-E. Taylor.
2555. Colombe, xiiie siècle. — Musée d'Amiens.
2556. Colombe eucharistique, xiiie siècle. — M. Martin Le Roy.
2557. Colombe eucharistique, xiiie siècle. — M. Chalandon.
2558. Colombe eucharistique. — M. le comte Chandon de Briailles.
2559. Encensoir, xiiie siècle. — Musée Dubouché, à Limoges.
2560. Encensoir, xiiie siècle. — M. Doistau.
2561. Grande croix, xiiie siècle. — Musée de Chartres.
2562. Croix, fin du xiiie siècle. — Musée des antiques de Bordeaux.
2563. Croix processionnelle, xiiie siècle. — M. Georges Salting.
2564. Croix à double traverse, xiiie siècle. — M. Chalandon.
2565. Grande croix, xiiie siècle. — M. le comte Chandon de Briailles.
2566. Petite croix à double traverse, xiiie siècle. — Id.
2567. Crosseron, xiiie siècle. — Musée de Chartres.
2568. Deux crosses en cuivre émaillé, xiiie siècle. — Musée d'Agen.
2569. Crosse, xiiie siècle. — Musée d'Amiens.
2570. Crosse, xiiie siècle. — Société archéologique de Touraine.
2571. Crosse, xiiie siècle. — Musée Saint-Jean, à Angers.
2572. Crosse provenant de Fontevrault, xiiie siècle. — Id.
2573. Crosse provenant de Fontevrault, xiiie siècle. — Id.
2574. Crosse de l'évêque Michel de Villoiseau, 1260. — Id.
2575. Crosse, xiiie siècle. — Martin Le Roy.
2576. Crosse en cuivre doré, xiiie siècle. — Sigismond Bardac.
2577. Crosse, xiiie siècle. — Cathédrale de Troyes.
2578. Crosse, commencement du xiiie siècle. — Mme Nodet.
2579. Crosse, xiiie siècle. — Cathédrale de Poitiers.
2580. Crosse, xiiie siècle. — M. le comte Chandon de Briailles.

2581. **Crosse.** — Musée des antiquités de la Seine-Inférieure.
2582. **Crosse de saint Césaire,** xiii° siècle. — Église de Maurs.
2583. **Croses,** xiii° siècle. — Société archéologique de Tours.
2584. **Crosse,** xiii° siècle. — Église Saint-Remy de Reims.
2585. **Ciboire.** — Église de Prunet (Pyrénées-Orientales).
2586. **Boîte aux saintes huiles.** — Mᵐᵉ la marquise Arconati-Visconti.
2587. **Boîtes aux saintes huiles,** xiii° siècle. — M. Doistau.
2588. **Coffret,** xiii° siècle. — M. Campe.
2589. **Coffret en émail champlevé,** xiii° siècle. — M. Campe.
2590. **Coffret rectangulaire,** xiii° siècle. — Musée Dubouché, à Limoges.
2591. **Flambeau,** xiii° siècle. — M. Alb. Maignan.
2592. **Chandelier,** xiii° siècle. — Musée des antiquités de la Seine-Inférieure.
2593. **Petit flambeau,** xiii° siècle. — M. le comte de Chandon de Briailles.
2594. **Paire de chandeliers,** xiii° siècle. — M. Doistau.
2595. **Deux flambeaux,** fin du xiii° siècle. — M. Léopold Goldschmidt.
2596. **Chandelier de voyage.** — M. Campe.
2597. **Deux flambeaux,** xiii° siècle. — M. Léopold Goldschmidt.
2598. **Gémellion,** xiii° siècle. — M. Chalandon.
2599. **Gémellion,** xiii° siècle. — M. Martin Le Roy.
2600. **Grand gémellion,** xiii° siècle. — M. Le Roy.
2601. **Gémellion,** xiii° siècle. — M. Edmond Guérin.
2602. **Gémellion,** xiii° siècle. — Église de Conques (Aveyron).
2603. **Gémellion,** xiii° siècle. — Cathédrale de Lyon.
2604. **Deux gémellions,** xiii° siècle. — Musée des antiquités de la Seine-Inférieure.
2605. **Gémellion,** xiii° siècle. — Musée de Chartres.
2606. **Gémellion,** xiii° siècle. — Musée des Antiques de Bordeaux.
2607. **Gémellion,** xiii° siècle. — Musée de Moulins.
2608. **Gémellion,** xiii° siècle. — Musée de Compiègne.
2609. **Plaque,** xiv° siècle. — M. le comte de Chandon de Briailles.
2610. **Chandelier,** xiv° siècle. — Musée Saint-Raymond, à Toulouse.
2611. **Fermail de chape,** xiv°. — Musée Saint-Raymond, à Toulouse.
2612. **Série de mors de chapes,** xiv° siècle. — M. Chalandon.
2613. **Paix,** xiv° siècle. — Cathédrale de Troyes.
2614. **Grande croix d'autel,** xiv° siècle. — M. le comte Chandon de Briailles.
2615. **Pyxide,** xiv° siècle. — Mᵐᵉ Nodet.
2616. **Pyxide,** xiv° siècle. — Mᵐᵉ la marquise Arconati-Visconti.
2617. **Boîte de courrier,** xiv° siècle. — Musée de Clermont-Ferrand.

VIII

Émaux peints.

2618 **Triptyque, la Crucifixion,** par Monvaerni. — M. Cottereau.
2619. **Plaque rectangulaire : Saint Martin,** id. — M. Bardac.
2620. **Grande plaque rectangulaire de la mise au tombeau,** id. — M. Chalandon.
2621. **L'Adoration des Mages,** id. — Musée Dubouché, à Limoges.
2622. **La Mise au Tombeau,** id. — Musée Dubouché, à Limoges.
2623. **Triptyque,** par Nardon Penicaud, xvi° siècle. — Musée de Bourges.
2624. **Plaque rectangulaire. Couronnement de la Vierge.** — M. Boy.
2625. **La Vierge en adoration** à mi-corps, id. — M. Boy.
2626. **Triptyque : l'Annonciation,** id. — Musée historique d'Orléans.
2627. **Triptyque : le Christ aux olives,** id. — M. Boy.
2628. **Châsse,** id. — M. Doistau.
2629. **L'Arbre de Jessé,** id. — M. Cottereau.
2630. **Le Portement de Croix,** id. — Mˡˡᵉ Granjean.
2631. **Triptyque,** id. — Mˡˡᵉ Granjean.
2632. **Triptyque,** par Jean Iᵉʳ Pénicaud. — M. Chabrières-Arlès.
2633. **Descente de croix. Résurrection,** id. — M. P. Garnier.
2634. **Descente de croix,** id. — M. Cottereau.
2635. **La Sainte Famille,** id. — M. Boy.
2636. **Sujet de l'Énéide,** id. — M. Boy.
2637. **Énée et Achate,** id. — Musée d'Albi.
2638. **L'Annonciation,** par Jean II Pénicaud. — M. Dollfus.
2639. **Le Portement de Croix.** — M. Ch. Mannheim.
2640. **Deux salières, à six pans.** — Id.
2641. **L'Adoration des Bergers.** a médaillon circulaire. — Id.
2442. **La Résurrection,** médaillon circulaire en grisaille. — Id.
2643. **Le portement de Croix,** id. — M. le comte de Valencia.

2714. **Couvercle de coupe** à médaillons en relief. — M. Ch. Mannheim.
2715. **Coupe** décorée en grisaille, Scène tirée du proverbe XXVIII — Id.
2716. **Coupe basse** munie de son couvercle, Enée et Didon. — M. Maurice Kann.
2717. **Coupe avec couvercle**, Enée et Didon. — Id.
2718. **Coupe avec couvercle**, Allégorie du vice. — Id.
2719. **Coupe avec couvercle**, Sujet mythologique. — Id.
2720. **Coupe avec couvercle**, grisaille. — M. le baron Alph. de Rothschild.
2721. **Deux plaques** représentant la Mise en Croix, la Flagellation. — M. Cottereau.
2722. **Assiette**, conquête de la Toison d'or. — M. Boy.
2723. **Soucoupe** grisaille, Pallas. — M. Boy.
2724. **Assiette** grisaille, épisode de l'histoire de Psyché. — M. Boy.
2725. **Assiette** grisaille, armoiries. — M. Boy.
2726. **Assiette**. Le mois de juillet. — M. Boy.
2727. **Plaque de coffret**, sujet de chasse. — M. Cottereau.
2728. **Vase à deux anses**, Diane et Actéon. — M. Cottereau.
2729. **Deux assiettes** en grisaille, janvier et octobre. — M. Cottereau.
2730. **Coupe** en grisaille, la Manne au désert. — M. Cottereau.
2731. **Coffret rectangulaire**, l'Enéide. — M. Cottereau.
2732. **Baiser de paix.** — M. Cottereau.
2733. **Hercule et Antée.** — Musée de Dijon.
2734. **Salière hexagonale**, décor en camaïeu. — Hôtel Pincé, à Angers.
2735. **Baiser de paix**, la Vierge. — Mlle Granjean.
2736. **Petit baiser de paix**, saint François. — Mlle Granjean.
2737. **Coupe munie de couvercle.** — Musée d'antiquités de la Seine-Inférieure.
2738. **L'Adoration des Mages**, émail peint. — Mme Nodet.
2739. **Salière** à décor en grisaille. — Musée de Caen.
2740. **Reliure d'Évangéliaire.** — Eglise Saint-Rémy de Reims.
2741. **Grand plat**, le Printemps, par Pierre Courteys. — M. Georges Salting.
2742. **Plaque rectangulaire**, la Naissance de la Vierge, id. — Hôtel Pincé, à Angers.
2743. **L'Adoration**, id. — Mlle Granjean.
2744. **Service de douze assiettes**, les douze mois. — M. Ch. Mannheim.
2745. **Plaque de coffret**, jeux d'enfants. — M. Cottereau.
2746. **Grand plat ovale**, la Création, grisaille. — M. Cottereau.
2747. **Grand plat ovale**, le Banquet des dieux. — M. le baron Oppenheim.
2748. **Plat ovale**, le Serpent d'airain, par M. Courteys. — M. Maurice Kann.
2749. **Plat ovale**, le Passage de la mer Rouge. — Id.
2750. **Plat ovale**, sujet mythologique. — Id.
2751. **Coupe basse** polychrome, Loth. — Id.
2752. **Deux grands flambeaux.** — M. le baron Gustave de Rothschild.
2753. **Coupe et son couvercle**, par M. Martial Courteys. — M. Ch. Mannheim.
2755. **Plaque ovale** émaux de couleur, le Parnasse, par J. Court. — M. Boy.
2756. **L'Adoration des Bergers.** — M. Ch. Mannheim.
2757. **La Vierge des Sept Douleurs.** — Ed. Corroyer.
2758. **Baiser de paix**, la Crucifixion et des donateurs. — Id.
2759. **Médaillon ovale**, Melchissedec et Abraham. — I. C. M. Cottereau.
2760. **Plaque de miroir**, Diane et Actéon. — Mlle Granjean.
2761. **Salière**, par Suzanne de Cornot. — M. Ch. Mannheim.
2762. **Triptyque**, par Martin Didier. — M. Ch. Mannheim.
2763. **La Nativité**, plaque en grisaille. — M. Cottereau.
2764. **Laocoon et ses fils**, plaque en grisaille. — M. Ch. Mannheim.
2765. **Grand triptyque**, le Baptême de saint Jean-Baptiste. — M. Ch. Mannheim.
2766. **Les Trois Grâces.** — M. le baron Oppenheim.
2767. **Coupe hexagone**, par Jacques Landin. — Musée de Guéret.
2768. **Coupe**, les Travaux d'Hercule. — M. Cottereau.
2769. **Les quatre points du jour**, XVIIe siècle. — Musée de Dijon.
2770. **Deux cadres** contenant vingt émaux, histoire sainte. — Eglise Saint-Rémy, de Reims.
2771. **Canons d'autel**, par Nicolas Laudin. — Cathédrale de Limoges.
2772. **Plaque**, Appolon et Daphné, 1633. — Mlle Granjean.
2773. **Coupe basse.** — Musée de Dijon.
2774. **Josué à Cheval**, XVIe siècle. — Musée de Dijon.
2775. **Baiser de paix**, scènes de la Passion, XVe siècle. — Cathédrale de Limoges.
2776. **Petit médaillon**, XVe siècle. — Musée de Compiègne.
2777. **Plaque de paix**, XVe siècle. — Musée de Guéret.
2778. **Assiette**, buste d'homme de profil, XVe siècle. Musée de Guéret.
2779. **Le Christ apparaissant à Madeleine**, XVIe siècle. Musée historique d'Orléans.
2780. **Plaque rectangulaire**, la Dialectique. — M. Boy.
2781. **Emaux de couleur**, la Vierge allaitant l'Enfant Jésus. — M. Boy.
2782. **Coffret** orné de quatorze plaques d'émaux, XVIIIe siècle. — M. Boy.

2912. Console en bois sculpté, époque de la Régence. — Musée de Narbonne.
2913. Cartel, époque de la Régence. — M. Ernest May.
2914. Pendule, figure de lion. — M°° Meunié.
2915. Trois médailliers, époque de Louis XV. — Bibliothèque Nationale.
2916. Commode, époque de Louis XV. — Musée de Grenoble.
2917. Console en bois doré, xviii° siècle. — Palais de Fontainebleau.
2918. Deux guéridons et girandoles de cristal, époque de Louis XV. — Palais de Fontainebleau.
2919. Cartel, par Caffieri. — M. Boucheron.
2920. Causeuse à deux places, époque de Louis XV. — Palais de Fontainebleau.
2921. Deux fauteuils de tapisserie de Beauvais. — Palais de Fontainebleau.
2922. Chaise en bois doré, époque de Louis XV. — Palais de Fontainebleau.
2923. Feux, d'après Robert de Cotte. — Id.
2924. Deux bras de lumière, époque de Louis XV. — Id.
2925. Grand cartel, par Cressent. — Hôtel de ville de Marseille.
2926. Console, par Meissonnier. — M. Doistau.
2927. Commode chantournée, époque de Louis XV. — M. Boy.
2928. Deux petits feux, époque de Louis XV. — M Klotz.
2929. Armoire en bois de rose, époque de Louis XV. — M. Klotz.
2930. Cartel, époque Louis XV. — M. Klotz.
2931. Petit cartel chinois, modèle de Meissonnier. — M. Klotz.
2932. Petit cartel en bronze ciselé et doré, époque de Louis XV. — Id.
2933. Paire de chenêts, Chinois assis, époque de Louis XV. — Id.
29334. Commode en laque noire, époque de Louis XV. — Evêché du Mans
2935. Vase en céladon, époque de Louis XV. — Le marquis de Vogüé.
2936. Grand cartel Cressent. — M. Scott.
2937. Table rectangulaire, par Riesener. — M. Scott.
2938. Flambeau de bouillotte, époque de Louis XV. — M. Scott.
2939. Vases en marbre vert Louis XV. — M. Scott.
2940. Cartel, époque de Louis XV. — M. le comte Greffulhe.
2941. Paire de flambeaux en bronze doré, époque de Louis XV. — M°° Granjean.
2942. Deux appliques, par Gouthière. — M°° Granjean.
2943. Paire de flambeaux, époque de Louis XVI. — M°° Granjean.
2944. Console en bois, époque de Louis XV. — M. Vial.
2945. Paire de feux, Cérès et Pluton. — M°° la baronne James de Rothschild.
2946. Deux grands flambeaux. — M°° la baronne James de Rothschild.
2947. Deux flambeaux, par Meissonnier. — M. Husson de Sampigny.
2948. Grande console Louis XV. — Palais de Fontainebleau.
2949. Bureau plat Louis XV. — Garde-meuble national.
2950. Commode en marqueterie, époque de Louis XV. — Id.
2951. Commode en marqueterie. — Id.
2952. Commode en marqueterie. — Id.
2953. Pendule en porcelaine de la Chine, époque de Louis XV. — Id.
2954. Paire de bouteilles en vieux céladon, époque de Louis XV. — Id.
2955. Bureau plat, à double face, par H. Riesener. — Id.
2956. Console d'applique, en bois doré. — Id.
2957. Secrétaire en marqueterie, par J.-F. Oeben. — Id.
2958. Deux paires de bras d'applique en bronze. — Id.
2959. Cassolette, par Gouthière. — Id.
2960. Cassolette. — Id.
2961. Paire de vases, en forme de nacelle, époque de Louis XVI — Id.
2962. Feu en bronze, par Gouthière, époque de Louis XV. — Id.
2963. Commode en acajou moiré, époque de Louis XVI. — Id.
2964. Paire de bras à trois lumières. — Id.
2965. Paire de candélabres, porcelaine de la Chine. — Id.
2966. Vase, forme Médicis, à godrons, en porphyre gris. — Id.
2967. Paire de candélabres faune et nymphe vert. — Id.
2968. Bureau de dame en marqueterie. — Id.
2969. Candélabres, faune bacchante, d'après Clodion. — Id.
2970. Glace de table, à cadre, par Th. Germain. — M°° Schneider.
2971. Petit meuble, en bois de rose, époque de Louis XVI. — M. Vial.
2972. Pendule, signée Caffieri. — M. Vial.
2973. Pendule décorée de deux figures de bacchantes, époque de Louis XVI. — M. Vial.
2974. Petite pendule, candélabres et petits vases, ép. de Louis XVI. — M. Vial.
2975. Bureau, par Riesener, époque de Louis XV. — M. Lowengard.
2976. Petit écran, époque de Louis XVI. — M. Lutz.
2977. Pendule, l'*Amour*, par Pigale. M. Bianchi.
2978. Pendule bronze doré. — M. Bianchi.
2979. Paire de chandeliers, modèle de Delafosse. — M°° Granjean.
2980. Vase en granit, époque de Louis XVI. — M. Scott.

2980 *bis* Paire de candélabres, bronze, époque de Louis XVI. — Lycée de Reims.
2981. Deux encoignures, époque de Louis XV. — M. le comte Greffulhe.
2982. Deux candélabres Louis XV. — M. le comte Greffulhe.
2983. Panneaux décorés de rinceaux, époque de Louis XVI. — M. Boy.
2984. Pendule, *La France et l'Amerique*, 1782. — M. Doistau.
2985. Deux flambeaux, époque de Louis XVI. — M. Lutz.
2986. Secrétaire,, en marqueterie de bois de rose. — M. Klotz.
2987. Petit plateau ovale, époque de Louis XVI. — M. Klotz. — Id.
2988. Deux candélabres, figures de femme. — Id.
2989. Chaise à porteurs, du cardinal de Bernis. — Musée d'Albi.
2990. Encoignure, par Migeon. — M. Berard-Gaste.
2991. Grande commode, par Beneman. — Palais de Fontainebleau.
2992. Grande commode, par Riesener. — Id.
2993. Petit secrétaire, par Riesener. — M. Scott.
2993 *bis.* Secrétaire, acajou et bronze doré, époque de Louis XVI. — M. Scott.
2994. Commode, en acajou, par Saunier. — Palais de Fontainebleau.
2995. Fauteuil, en bois sculpté, tapisserie de Beauvais. — Id.
2996. Ecran, en bois doré, tapisserie sur canevas. — Id.
2997. Petite commode, marqueterie. — Id.
2998. Fauteuil, en bois doré, recouvert de soie brochée. — Id.
2999. Paravent, en bois doré, brodé. — Id.
3000. Causeuse à deux places, tapisserie de Beauvais. — Id.
3001. Console, en bois sculpté et doré, de forme trilobée. — Id.
3002. Siège en bois doré, recouvert de soie brochée.
3002 *bis.* Petite table acajou et bronze, époque de Louis XVI. — Mob. nat.
3003. Secrétaire, en acajou. — Palais de Fontainebleau.
3004. Chaise, en bois doré, à dossier en forme de lyre. — Id.
3005. Tabouret de pied, en bois sculpté et doré, recouvert de soie. — Id.
3006. Console, d'applique en bois laqué de blanc. — Id.
3007. Canapé en bois, garni de tapisserie de Beauvais. — Id.
3008. Deux fauteuils en bois sculpté, laqué de blanc. — Id.
3009. Grand vase en porcelaine de Sèvres, monté par Thomire. — Id.
3010. Deux vases en albâtre. — Id.
3011. Commode en marqueterie d'écaille et de cuivre. — Id.
3012. Guéridon en racines et bronze ciselé et doré. — Id.
3013. Pendule en albâtre et en bronze doré. — Id.
3014. Chaise en acajou, par Jacob. Epoque de Louis XVI. — Id.
3015. Deux encoignures, par Levasseur. — Id.
3015 *bis.* Fauteuil, bois doré, soie bleue, époque de Louis XVI. — M. Lutz.
3016. Deux fauteuils, bras soutenus par des sphinx. — Id.
3016 *bis.* Console, bois doré, époque de Louis XVI. — Min. de l'Intérieur.
3017. Deux girandoles en bronze doré, par Lorta, 1788. — Id.
3018. Deux fauteuils recouv. en damas de soie verte. — Palais de Compiègne.
3019. Deux grands vases en porphyre rouge. — Id.
3020. Paire de petits vases en cristal de roche, montés en bronze, par Gouthière. — M. Klotz.
3021. Deux appliques, par Gouthière. — Mlle Granjean.
3022. Pendule en bronze doré, attribuée à Gouthière. — M. H. Vever.
3023. Armoire à bijoux de la reine Marie-Antoinette. — Palais du Petit-Trianon.
3024. Deux flambeaux en bronze ciselé et doré. — M. Haviland.
3025. Vase en cristal de roche, monture de bronze. — Musée d'Aix.
3026. Petit tabouret, bois doré et broderies. — M. le comte Greffulhe.
3027. Pendule : la Liseuse. — Id.
3028. Table, règne de Louis XVI. — M. Ernest May.
3029. Fauteuil de Saint-Just. — M. Klotz.

X

Bois.

3029 *bis.* Portes de la cathédrale du Puy, XIe siècle.
3030. La Vierge assise tenant l'Enfant Jésus, XIIe s. — Eglise de Gassicourt.
3031. La Vierge et l'Enfant, XIIIe siècle. — M. Alb. Maignan.
3032. La Vierge sur un trône, XIIIe siècle. — Id.
3033. La Vierge assise et l'Enfant, XIIIe siècle. — Id.
3034. La Vierge assise et l'Enfant, XIIIe siècle. — M. E. Corroyer.
3035. Châsse, bois peint, XIIIe siècle. — Cathédrale d'Albi.
3036. La Vierge assise tenant l'Enfant, XIIIe siècle. — Église de Taverny.

3037. Statuette d'évêque, XIIIe siècle. — Cathédrale d'Angers.
3038. Vierge assise tenant l'Enfant, XIIIe siècle. — M. Albert Bossy.
3039. Vierge assise, couronnée, XIIIe siècle. — M. Boy.
3040. Deux fragments de bâton de crosse, XIIIe siècle. — Musée de Reims.
3041. Extrémité d'un bâton de crosse, XIIIe siècle. — Musée de Reims.
3042. Hampe de la crosse, dite de sainte Aldegonde, XIIIe s. — Égl. de Maubeuge.
3043. Grande Vierge debout, couronnée, XIIe siècle. — M. Boy.
3044. La Vierge et l'Enfant, XVIe siècle. — M. Ed. Corroyer.
3045. Crosse de sépulture, XVIe siècle. — Id.
3046. La Vierge et l'Enfant Jésus, XVIe siècle.
3047. La Vierge debout, XVIe siècle. — M le comte Chandon de Briailles.
3048. Petit personnage agenouillé, XVIe siècle. — M. Ed. Corroyer.
3049. Pieta, fond de paysage montagneux, XVe siècle. — Id.
3050. Un saint debout, bois peint et doré, XVe siècle. — Id.
3051. Sainte Catherine d'Alexandrie, XVIe siècle. — Id.
3052. Un Roi mage. Anvers, XVIe siècle. — Id.
3053. Sainte martyre debout, XVe siècle. — Id.
3054. L'Annonciation, groupe, XVe siècle. — Id.
3055. Panneau de stalles de l'abbaye de la Joie, 1416. — Musée de Rennes.
3056. Panneau des stalles du chœur de l'abbaye de La Bénissons-Dieu, XVe siècle. — Musée de Roanne.
3056 bis. Lutrin, XVe siècle. — Église de Puligny.
3057. La Mort de la Vierge, XVe siècle. — Musée Saint-Raymond, à Toulouse.
3058. Tête d'homme, XVe siècle. — Musée Boucher-de-Perthes, à Abbeville.
3059. Sainte Catherine de Sienne, XVe siècle. — M. Albert Bossy.
3060. Grande Vierge portant l'Enfant, XVe siècle. — M. Ch. Gillot.
3061. Petite Vierge assise, XVe siècle. — M. Ch. Gillot.
3062. Le portement de Croix, XVe siècle. — M. Ch. Gillot.
3063. Evanouissement de la Vierge, XVe siècle. — M. Ch. Gillot.
3064. Buste de femme, XVe siècle. — M. Boy.
3065. Petit buste de femme polychrome, XVe siècle. — M. Mohl.
3066. Saint Michel debout sur le dragon, XVe siècle. — M. Boy.
3067. Buste du Christ couronné d'épines, XVe siècle. — M. Boy.
3068. Petite figure, bois doré, XVe siècle. — M. Doistau.
3069. Peigne en buis, XVe siècle. — Musée de Dijon.
3070. Peigne en bois sculpté, XVe siècle. — Musée de Dijon.
3071. Petit personnage debout, XVe siècle. — M. le baron Oppenheim.
3072. Le Christ en croix, la Vierge et saint Jean, XVe siècle. — M. Georges Hœntschel.
3073. Étui de livre de prières en buis, XVe siècle. — Musée de Dijon.
3074. Fragment de retable. — M. Salting, à Londres.
3075. Petit coffret, XVe siècle. — M. Georges Salting, à Londres.
3076. Poutre du logis Barrault, à Angers, XVe siècle. — Musée St-Jean, à Angers.
3077. Cerf ailé, XVe siècle. — Musée départemental de Moulins.
3078. Sainte Catherine, statuette, XVe siècle. — M. F. Moreau-Nélaton.
3079. Sainte Ailif, grande figure, XVe siècle. — Id.
3080. Ange porte-flambeau, XVe siècle.
3081. Mise au tombeau, fragments de retable, XVe siècle. — Id.
3082. Saint Michel, statue de bois polychrome, XVe siècle. — Id.
3083. Chef de femme, XVe siècle. — Id.
3084. Petit personnage, fragment de retable, XVe siècle. — Id.
3085. Saint Hubert, XVe siècle. — Id.
3086. Saint Martin, bois polychrome, XVe siècle. — Id.
3087. Christ, tenant le globe d'une main, XVe siècle. — Id.
3088. Saint Christophe, statuette, XVe siècle. — Id.
3089. Sainte Catherine frappée par un soldat, XVe siècle. — Id.
3090. Statuette de sainte femme, provenant d'un retable, fin du XVe siècle. — M. Chabrières-Arlès.
3091. Femme agenouillée, XVIe siècle. — Musée Boucher-de-Perthes, à Abbeville.
3092. La mise au tombeau, XVIe siècle. — M. Girardin-Valton.
3093. Un Roi mage, XVIe siècle. — Musée d'Avignon.
3094. Fragment d'un retable, XVIe siècle. — M. Charles André.
3095. Fragments de retable, XVIe siècle. — Id.
3096. Groupe : un juge et quatre personnages, XVIe siècle. — Musée de Compiègne.
3097. Deux grands médaillons, XVIe siècle. — Musée du Puy.
3098. Sainte Marguerite, XVIe siècle. — Musée de Château-Gontier.
3099. Couvercle de fonts baptismaux, XVIe siècle. — Église St-Romain, à Rouen.
3100. Ancienne porte du palais ducal de Nevers, XVIe siècle. — Musée archéologique de Nevers.
3101. Lutrin, XVIe siècle. — M. Ed. Corroyer.
3102. Groupe, XVIe siècle. — Id.

3103. Le portement de Croix, groupe en bois peint, xvi⁰ siècle. — Id.
3104. Peigne en bois découpé à jour, xvi⁰ siècle. — Id.
3105. Vierge en bois, xvi⁰ siècle. — Mᵐᵉ E. Stern.
3105 bis. Saint Hubert, haut-relief en bois. — Mᵐᵉ E. Stern.
3106. Fragment des stalles de Gaillon, xvi⁰ siècle. — M. Ed. Corroyer.
3107. Deux statuettes de moines, xvi⁰ siècle. — Id.
3108. La Vierge et l'Enfant, xvi⁰ siècle. — Id.
3109. La Circoncision, petit groupe en bois polychrome, xvi⁰ siècle. — Id.
3110. La présentation au temple, petit groupe en bois, xvi⁰ siècle. — Id.
3111. Boîte en forme de livre, buis, xvi⁰ siècle. — M. Alb. Maignan.
3112. Deux panneaux sculptés, xvi⁰ siècle. — Musée de Valence.
3113. La Justice, xvi⁰ siècle. — Musée de Cambrai.
3114. Saint Crépin devant son établi préparant une peau, xvi⁰ siècle. — Musée de Chambéry.
3115. Huit panneaux sculptés, du château d'Astier. — M. J.-E. Taylor, à Londres.
3116. La Mort de la Vierge, xvi⁰ siècle. — Musée d'Amiens.
3117. La Circoncision, xvi⁰ siècle. — Id.
3118. La Nativité, médaillon, xvi⁰ siècle. — Id.
3119. Saint Michel, statue, xvi⁰ siècle. — Musée Boucher-de-Perthes, à Abbeville.
3120. Modèle de clôture de chapelle pour la cathédrale de Rodez. — M. Boy.
3121. Deux cariatides, xvi⁰ siècle. — M. Boy.
3122. Statue du Christ. — Cathédrale de Perpignan.
3123. Peigne en bois sculpté, xvi⁰ siècle. — Musée des antiquités de la Seine-Inférieure.
3124. Tête d'évêque mitré, xvi⁰ siècle. — M. Jules Maciet.
3125. La Vierge de l'Annonciation. — M. Cardon, à Bruxelles.
3126. Un donateur et sa patronne, xvi⁰ siècle. — M. Cardon à Bruxelles.
3127. Petit miroir, buis, xvi⁰ siècle. — M. le baron Oppenheim.
3128. Peigne décoré de marqueterie, xvi⁰ siècle. — Musée du Puy.
3129. Boîte en buis, xvi⁰ siècle. — Musée d'Aix.
3130. Petit triptyque, xvi⁰ siècle. — M. Etienne Moreau-Nélaton.
3131. Petite Vierge tenant l'Enfant Jésus, xvi⁰ siècle. — Id.
3132. Un Saint posant la main sur les têtes de deux enfants, xvi⁰ siècle. — Id.
3133. Peigne en buis découpé, xvi⁰ siècle. — M. le comte Chandon de Briailles.
3134. Statuette, saint Martin, xvi⁰ siècle. — M. le comte Chandon de Briailles.
3135-3139. Quatre petites varlopes sculptées, xvi⁰ siècle. — M. L. Mohl.
3140-3145. Six casse-noix sculptés, xvi⁰ siècle. — M. L. Mohl.
3146. Masque de femme, xvii⁰ siècle. — M. Doistau.
3147. Grands candélabres, xvii⁰ siècle. — Eglise de Ruffey-les-Echirey.
3148. Lutrin, xvii⁰ siècle. — Eglise Saint-Jouin de Marnes.
3149. Petite Vierge, xvii⁰ siècle. — M. Charles André.
3150. La Vierge debout, xvii⁰ siècle. — Musée de Dunkerque.
3151. Le Christ de pitié, xviii⁰ siècle. — Id.
3152. Deux grands chandeliers, ép. de Louis XVI. — Egl. St-Jacques, de Reims.
3153. Grande râpe à tabac, ép de Louis XIV. — Musée des Mon. hist. du Mans.
3154. Saint Michel, époque de Louis XIV. — M. Ed. Corroyer.
3155. Deux torches en bois sculpté, xviii⁰ siècle.
3156. Râpe à tabac. — M. E. Corroyer.
3157. Râpe à tabac, époque de Louis XV. — M. Schiff.
3158. Deux casse-noisettes, xviii⁰ siècle. — M. Etienne Moreau-Nélaton.
3159. Petite Vierge, xviii⁰ siècle. — M. Charles André.
3160. Saint Michel, époque de Louis XV. — M. Ed. Corroyer.
3161. Grande râpe à tabac, 1718. — M. Léon Morel.
3162. Râpe à tabac, 1738. — M. Morel.
3162 bis. Série de coffrets, boîtes, cadres, etc., par Bagard, xvii⁰ siècle. — Mᵐᵉ Waldeck-Rousseau.

XI

Tapisseries.

3164. Tenture de l'Apocalypse, xiii⁰ siècle.
3165. Le Bal des Sauvages, xiii⁰ siècle. — Eglise N.-D. de Nantilly, à Saumur.
3166. Tenture du Fort Roy Clovis. xv⁰ siècle. Cathédrale de Reims.
3167. L'adoration des Mages, xv⁰ siècle. — Cathédrale de Sens.
3168. Tenture de saint Maurille, 1461. — Cathédrale d'Angers.
3169. Grande tapisserie, xv⁰ siècle. — Musée des Antiquités de la Seine-Infer.
3170. Prise de Troie, xv⁰ siècle. — M. Bauelm.

3171. Tapisserie à décor de fleurettes, xv° siècle. — M. Gannay-Palhu.
3172. Siège de Jérusalem, xvi° siècle. — Église de N.-D. de Nantilly, à Saumur.
3173. Scène de chasse xv° siècle. — Id.
3174. Scène de massacre, xv° siècle. — M. Velghe.
3175. Histoire de saint Pierre. — Cathédrale de Beauvais.
3176. Légende de saint Martin, xv° siècle. — Cathédrale d'Angers.
3177. Vie de Jésus-Christ et de la Vierge, xv° siècle. — Cathédrale d'Aix.
3178. Parement d'autel, xv° siècle. — Cathédrale de Sens.
3179. Prince entouré de sa cour. Époque de Charles VIII. — M. Maciet.
3180. Vasthi et les envoyés d'Assuérus, xv° siècle. — M. Albert Bossy.
3181. Verdures à décor de grands feuillages et d'oiseaux, xv° siècle. — M. Heilbronner.
3182. Trois pièces d'un roman de chevalerie, xv° siècle. — Id.
3183. Le Chevalier de la mort, xv° siècle. — M. le comte de Bussy.
3184. Concert champêtre. Époque de Louis XII. — M. Albert Bossy.
3185. Berger et bergère. — Id.
3186. Légende de la Vierge, xvi° siècle. — Église Notre-Dame de Beaune.
3187. Une chasse, xvi° siècle. — Hôtel-Dieu de Reims.
3188. Scène d'un roman, xvi° siècle. — M. Leopold Goldschmidt.
3189. Grande tapisserie, xvi° siècle. — Église Saint-Vincent, à Chalon-sur-Saône.
3190. La Trinité, xvi° siècle. — Cathédrale de Narbonne.
3191. Scènes de la vie de la Vierge, 1529. — Église N.-D. de Nantilly, à Saumur.
3192. Saint Gervais et saint Protais, xvi° siècle. — Cathédrale de Soissons.
3193. Saint Gervais et saint Protais, xvi° siècle. — Cathédrale du Mans.
3194. Fleurettes et armoiries, xvi° siècle. — Cathédrale de Troyes.
3195. Deux tapisseries, d'un roman de chevalerie, xvi° siècle. — M. Boy.
3196. Armement d'un chevalier, xvi° siècle. — M. Schutz.
3197. Légende de saint Julien, xvi° siècle. — Cathédrale du Mans.
3198. Vie de saint Saturnin, xvi° siècle. — Cathédrale d'Angers.
3199. Légende de saint Rémy, 1530. — Église Saint-Remy, à Reims.
3200. Histoire de la Vierge, 1530. — Cathédrale de Reims.
3201. Instruments de la Passion, xvi° siècle. — Cathédrale d'Angers.
3202. Judith et Holopherne, xvi° siècle. — Cathédrale de Sens.
3203. Tenture histoire de France, xvi° siècle. — Cathédrale de Beauvais.
3204. La Création du Monde, xvi° siècle. — M. Schutz.
3205. Allégorie des Vertus, xvi° siècle. — M. Schutz.
3206. Deux Sibylles, xvi° siècle. — M. Schutz.
3207. Circé, xvi° siècle. — M. Pierre Chavannes.
3208. L'enlèvement des Sabines, xvi° siècle. — M. Marcel Chavannes.
3209. Histoire de saint Jean-Baptiste, xvi° siècle. — Château de Pau.
3210. Légende de saint Mamès, xvi° siècle. — Cathédrale de Langres.
3211. Parement d'autel, xvi° siècle. — Cathédrale de Sens.
3212. Treilles et jardins, xvi° siècle. Église N.-D. de la Couture, au Mans.
3213. Tenture de Gombaut et de Macé, xvi° siècle. — Musée de Saint-Lô.
3214. Pente d'un lit, xvi° siècle. — Cathédrale de Sens.
3215. Devant d'autel, xvii° siècle. — M. Schutz.
3216. Tapisserie de grotesques, d'après Berain, M. Schutz.
3217. Tapisserie de grotesques, d'après Bérain. — M. Lowengard.
3218. Histoire de Daphnis et Chloé, 1718. — Lowengard.
3219. Bacchus et Cérès, par Audran. — M. Lowengard.
3220. La pêche, d'après Boucher. — M. Lowengard.
3221. Un ballet, époque de Louis XVI. — M. Chappey.
3222. Tenture, Mois arabesques, xvi° siècle. — Garde-meuble national.
3223. Portière, les Armes du roi d'après Lebrun, xvii° siècle. — Garde-meuble national.
3224. L'Histoire du Roy, xvii° siècle. — Garde-meuble national.
3225. Pièce de tapisserie, portière de Diane, d'après J.-B. Oudry, xviii° siècle. — Garde-meuble national.
3226. Tenture, dessins de Raphael, xvii° siècle. — Garde-meuble national.
3227. Tenture, Mois de Lucas, xvii° siècle. — Garde-meuble national.
3228. Pièce de tapisserie, les Armes de France, xvii° siècle. — Id.
3229. Tenture de psyché, d'après Ch. Coypel, xviii° siècle. — Id.
3230. Deux pièces de tapisserie, Renaud et Armide, d'après C. Coypel, xviii° siècle. — Garde-meuble national.
3231. Tenture, des sujets de la Fable, d'après F. Boucher. — Id.
3232. Tenture des actes des apôtres, d'après Raphael, xviii° siècle. — Cathédrale de Beauvais.
3233. Tenture des jeux russiens, d'après J.-B. Leprince, xviii° siècle. — Id.
3233. Henri IV, Cozette en¹ 1777. — Palais de Fontainebleau.
3234. Deux panneaux, d'après Cl. Gillet, xviii° siècle. — M. Klotz.
3235. Renaud et Armide, d'après Coypel, xviii° siècle. — M. Schutz.

3236. Pièce à décor champêtre. — M. Schutz.
3237. Apollon tuant le serpent Python. — M. Schutz.
3238. Les Armes de France, d'après Boucher. — M. Schutz.
3239. Deux pièces de pastorales, d'après Audran. — M. Schutz.
3240. Louis XV, par Cozette 1773. — Palais de Fontainebleau.
3241. Marie Leczinska, par Cozette. — M. Doistau.
3242. Portrait, de l'époque de Louis XV, par Cozette. — M. Doistau.
3243. Christophe Colomb, d'après Jean Bol. — M. Doistau.
3244. Sibylle, d'après le Dominiquin. — M. Doistau.
3245-3247. Trois grands tapis, médaillon, époque de Louis XIV. — Palais de Fontainebleau.

XII

Tissus et Broderies.

3248. Suaire de saint Siviard, viie siècle. — Cathédrale de Sens.
3249. Chasuble dite de sainte Aldegonde, viiie siècle. — Eglise de Maubeuge.
3250. Suaire de sainte Colombe et de saint Loup, ixe siècle. — Cathédrale de Sens.
3251. Suaire de saint Léon, xie-xiie siècle. — Cathédrale de Sens.
3252. Chasuble, xie siècle. — Eglise de Saint-Rambert-sur-Loire.
3253. Suaire de saint Potentien, xiie siècle. — Cathédrale de Sens.
3254. Dalmatique, xiie siècle. — Eglise d'Ambazac.
3255. Suaire de saint Savinien, xiiie siècle. — Cathédrale de Sens.
3256. Suaire de sainte Théodechilde, xiiie siècle. — Id.
3257. Sept bourses à reliques. — Id.
3258. Chape de saint Mesme, xie siècle. — Eglise de Saint-Etienne, de Chinon.
3259. Chasuble de saint Yves, xiie siècle. — Eglise de Louannec (Côtes-du-Nord).
3260. Chape brodée, xiiie siècle. — Eglise de Palau del Vidre.
3261. Croix de chasuble, broderie, xive siècle. — M. Martin Le Roy.
3262. Mitre de Charles de Neufchâtel, xve siècle. — Cathédrale de Besançon.
3263. Dalmatique à décor de grenades, xvie siècle. — Cathédrale d'Embrun.
3264. Les juifs à Jérusalem. Toile peinte, xve siècle. — Musée de Reims.
3265. Manteau de diacre, en soie rouge, xiiie siècle. — Cathédrale de Reims.
3266. Chape brodée. — Eglise Saint-Bertrand de Comminges.
3267. Parement d'autel, xive siècle. — Id.
3268. Triptyque, xive siècle. — Musée de Chartres.
3269. Mitre, xive siècle. — Eglise de Saint-Gildas du Rhuys.
3270-3272. Aumônière, xvie siècle. — Cathédrale de Troyes.
3273. Devant d'autel, xvie siècle. — Musée St-Raymond, à Toulouse.
3274. Bourse brodée, xve siècle. — Eglise de Brageac (Cantal).
3275. Chape, xve siècle. — Eglise de Behuard.
3276. Chasuble brodée, xve siècle. — Mme de Girardot Destable.
3277. Drap mortuaire, xvie siècle. — Musée d'Amiens.
3278. Chasuble, orfrois brodés à personnages, xve siècle. — Cathéd. de Reims.
3279. Chape, xvie siècle. — Eglise de St-Martin-Vesubie (Alpes-Maritimes).
3280. Ornement complet, drap d'or, xviie siècle. — Egl. St-Etienne de Beauvais.
3281. Chape en velours, xvie siècle. — Eglise d'Aire-sur-la-Lys.
3282. Chasuble en drap frisé d'or, xviie siècle. — Cathédrale de Reims.
3283. Ornement complet, xviie, xviiie siècle. — Cathédrale de Beauvais.
3284. Pentes d'un dais, xviiie siècle. — Eglise Saint-Etienne de Beauvais.
3285. Chape de brocart, xviie siècle. — Eglise de N. D. La Riche, à Tours.
3286. Chape, époque de Louis XV. — Eglise Saint-Augustin, à Nice.
3287. Ornement complet, xviiie siècle. — Eglise Saint-Etienne, à Beauvais.
3288. Parement d'autel, xviiie siècle. — Eglise de N.-D. La Riche, à Tours.
3289. Pièce rectangulaire de dentelle, 1607. — M. Rousseau.
3290. Grand panneau de satin blanc, xviiie siècle. — M. Adnot.

XIII

Cuir. — Reliure.

3291. Soulier, dit de saint Malachie, xiie siècle. — Cath. de Châlons-sur-Marne.
3292. Etui gravé, 1370. — M. Mohl.
3293. Grand coffre à décor gravé, xve siècle. — Musée de Clermont-Ferrand.

3294. Coffre en cuir gravé, xv° siècle. — Musée de Clermont-Ferrand.
3295. Boîte en cuir gravé, xv° siècle. — Musée de Clermont-Ferrand.
3296. Etui de coupe en cuir gravé, xv° siècle. — Musée de Limoges.
3297. Petit coffret gravé, xv° siècle. — Musée de Bourges.
3298. Grand coffret de cuir, xv° siècle. — M. Doistau.
3299. Coffret en cuir gravé, xv° siècle. — M. Ch. Gillot.
3300. Etui de missel en cuir gravé, xv° siècle. — M. H. Dallemagne.
3301. Grand coffret en cuir incisé, xv° siècle. — M. Georges Salting.
3302. Ecrin d'un abbé de Citeaux. — Musée de Dijon.
3303. Petit coffret carré, ciselé et gravé, xvi° siècle. — M. Corroyer.
3304. Encadrement d'un tableau, xvi° siècle. — Cathédrale de Reims.
3305. Etui fretté de fer, xvi° siècle. — M. H. Dallemagne.
3306. Coffret en cuir gravé, 1531. — M. Campe, à Hambourg.
3307. Boîte de livre, époque de Henri III. — M. Doistau.
3308. Boîte de livre, époque de Henri III. — M. Doistau.
3309. Coffret, époque de Louis XIII. — Musée Saint-Jean, à Angers.
3310. Pulvérin en cuir estampé, xvii° siècle. — M. Coiffet.
3311. Coffret en maroquin, xviii° siècle. — M. Coiffet.

XIV

Manuscrits et Enluminures.

3312. Evangéliaire, viii° siècle. — Bibliothèque de Montpellier.
3313. Evangéliaire, viii° siècle. — Bibliothèque d'Abbeville.
3314. Psychomachia, ix° siècle. — Bibliothèque de Valenciennes.
3315. Apocalypse, ix° siècle. — Bibliothèque de Valenciennes.
3316. Recueil de Canons, glose bretonne, ix° siècle. — Bibliothèque d'Orléans.
3317. Homélies, ix° siècle. — Bibliothèque d'Orléans.
3318. Manuscrit de Mannon, ix° siècle. — Bibl. de Montpellier.
3319. Sacramentaire de saint Grégoire, ix° siècle. — Gr. séminaire d'Autun.
3320. Evangéliaire, ix° siècle. — Bibliothèque de Laon.
3221. Sedulius, ix° siècle. — Bibliothèque d'Evreux.
3322. Evangéliaire d'Ebbon, ix° siècle. — Bibliothèque d'Epernay.
3323. Lectionnaire, ix° siècle. — Bibliothèque de Cambrai.
3324. Apocalypse, ix° siècle. — Bibliothèque de Cambrai.
3325. Evangéliaire, ix° siècle. — Bibliothèque de Cambrai.
3326. Sacramentaire, ix° siècle. — Bibliothèque de Cambrai.
3327. Psautier, ix° siècle. — Bibliothèque d'Angers.
3328. Psautier, ix° siècle. — Bibliothèque d'Amiens.
3329. Vie de saint Jean de Réomé, x° siècle. — Bibliothèque de Semur.
3330. Vie de saints, x° siècle. — Bibliothèque de Saint-Omer.
3331. Dialogues de saint Grégoire, x°-xi° siècle. — Bibl. de Saint-Omer.
3332. Homélies, x° siècle. — Bibliothèque d'Orléans.
3333. Sulpice Sévère, x° siècle. — Bibliothèque d'Arras.
3334. Martyrologe de saint Ayri, xi°-xii° siècle. — Bibliothèque de Verdun.
3335. Horace, xi°-xii° siècle. — Bibliothèque de Périgueux.
3336. Evangéliaire, xi° siècle. — Bibliothèque d'Epinal.
3337. Calendrier à peintures, ix° siècle. — Bibliothèque de Boulogne-sur-Mer
3338. Evangéliaire, x° siècle. — Id.
3339. Partie de la Bible, xi° siècle. — Bibliothèque d'Arras.
3340. Missel a l'usage de Marmoutier, xi° siècle. — Petit Séminaire de Tours.
3341. Saint Grégoire (1134). — Bibliothèque de Chalon-sur-Saône.
3342. Lectionnaire de Luxeuil, xii° siècle. — Bibliothèque de Vesoul.
3343. Bible, xii° siècle. — Bibliothèque de Perpignan.
3344. Chronique, xii° siècle. — Bibliothèque de Limoges.
3345. Flavius Josephe, xii° siècle. — Bibliothèque de Douai.
3346. Raban-Maur, xii° siècle. — Bibliothèque de Douai.
3347. Saint Augustin, 1er vol., xii° siècle. — Bibliothèque de Douai.
3348. Missel d'Anchin, xii° siècle. — Bibliothèque de Douai.
3349. Saint Augustin, xii° siècle. — Bibliothèque de Boulogne-sur-Mer.
3350. Bible historiée, xii° siècle. — Bibliothèque d'Amiens.
3351. Romans de la Table ronde, xiii° siècle. — Bibliothèque de Rennes.
3352. Bible, xiii° siècle. — Bibliothèque de Dôle.
3353. Histoire ancienne, xiii° siècle. — Bibliothèque de Dijon.
3354. Registre de l'Inquisition de Carcassonne, xii° siècle. — Bibl. de Clermont.
3355. Apocalypse, xiii° siècle. — Bibliothèque de Cambrai.
3356. Livre de prières, xiii° siècle. — Bibliothèque de Cambrai.

3357. Psautier, xiv° siècle. — Bibliothèque de Douai.
3358. Tite-Live, xiv° siècle. — Bibliothèque de Cambrai.
3359. Missel, xv° siècle. — M. le comte Toulgoet-Tréanna.
3360. Chronique de Burgos, xvi° siècle. — Bibliothèque de Besançon.
3361. Livre des serments des Maieurs d'Arras, xiv° siècle. — Bibl. de Besançon.
3362. Généalogie, des rois de France, xv° siècle. — Bibliothèque de Verdun.
3363. Gerson, xv° siècle. — Bibliothèque de Valenciennes.
3364. Heures, xv° siècle. — Bibliothèque de Grenoble.
3365. Bréviaire de Jean d'Amboise, xv° siècle. — Bibliothèque de Chaumont.
3366. Guillaume Durand, xv° siècle. — Bibliothèque de Beaune.
3367. Terrier de Marcoussis, xvi° siècle. — Mlle de la Beaume-Pluvinel.
3368. Barthélemy l'Anglais, xv° siècle. — Bibliothèque d'Amiens.
3369. Pontifical, xvi° siècle. — Bibliothèque de Verdun.
3370. Musique notée, xvi° siècle. — Bibliothèque de Cambrai.
3371. Heures dites de Diane de Poitiers. — Bibliothèque d'Amiens.
3372. Graduel, xvi° siècle. — Bibliothèque de Cambrai.
3373. Palimpseste. — Bibliothèque de la Faculté de médecine de Montpellier.
3374. Majus Chronicon, Fontanelleuse. — Bibliothèque du Havre.
3375. Bible, dite de Charles V. — Bibliothèque de Grenoble.
3376. Saint Jérôme, sur Jérémie. — Bibliothèque de Dijon.
3377. Bible de saint Etienne, Harding III. — Bibliothèque de Dijon.
3378. Martyrologe d'Usuard. — Bibliothèque de Châlons-sur-Marne.
3379. Pontifical. — Bibliothèque de Châlons-sur-Marne.
3380. Pontifical. — Bibliothèque de Cambrai.
3381. Livres du trésor de l'Abbaye d'Origny. — Bibliothèque de Saint-Quentin.
3382. Ouvrages de Bernard Gui. — Bibliothèque d'Agen.
3383. Cadre contenant treize miniatures, xiii° siècle. — M. Alb. Maignan.
3384. Les Saintes Femmes au tombeau, xii° siècle. — Id.
3385. La Mise en croix, miniature, par Gab. Raveneau, 1717. — Id.
3386. Le Père éternel, la Crucifixion, xiv° siècle. — Id.
3387. Epreuve d'un maître d'école du xv° s. — Musée de St-Raymond, à Toulouse.
3388. Deux cadres de miniat., xvi° siècle. — Musée de St-Raymond, à Toulouse.
3389-3390. Le Christ en croix. Le Christ en majesté, xii° siècle. — Ancienne cathédrale d'Auxerre.

XV

Miniatures et Éventails.

3391-3397. Sept miniatures, portraits de femmes, xviii° siècle. — Mme Doucet.
3398-3399. Quatre miniatures, époque de Louis XVI. — M. Dollfus.
3402. Éventail, époque de Louis XV. — M. le comte de Verdonnet.
3402 bis. Six éventails, époque de Louis XV. — Mme Ch. Mannheim.
3402-3403. Deux éventails, époque de Louis XV. — M. Fitch.
3402-3404. Éventail, époque de Louis XV. — Mme Maurice Ephrussi.
3402-3405. Huit éventails, sujets mythologiques, xviii° s.— Baron H. de Rothschild.

XVI

Monnaies.

3403-3949. Monnaies gauloises et françaises, antérieures à 1789, reproduites par la galvanoplastie.

XVII

Médailles.

3950-4221. Médailles françaises du xv° à la fin du xviii° siècle. — Reproductions galvanoplastiques et collection des musées de Versailles et d'Aix, de MM. R. Barre et R. Richebé.

XVIII

Sigillographie.

4222-4533. Sceaux français de l'époque mérovingienne à la fin du xviii° siècle. — Empreintes en cire d'après les originaux appartenant aux Archives nationales.
4534. **Sceau et contre-sceau** des échevins de Saint-Omer, xii° siècle. — Musée de Saint-Omer.
4535. **Sceau gravé sur ardoise**, xii° siècle. — Église de Longpont (Aisne).
4536. **Sceau de la commune de Dijon**, xiii° siècle. — Musée Saint-Jean, à Angers.
4537. **Sceau de Jean de Charlieu** (1290-1296). — M. Jules Protat, à Mâcon.
4538. **Sceau de Guichard de Salornay** (1369-1392). — Id.
4539. **Sceau du prieur de l'abbaye de Cluny** xviii° siècle. — Id.
4540. **Sceau de l'Étroite observance de l'ordre de Cluny**, xvii° siècle. — Id.

XIX

Peinture.

4541. **La Mise au tombeau**, par Simon de Châlons, xvi° siècle. — Musée de Villeneuve-lez-Avignon.
4542. **Le Couronnement de la Vierge**, par Enguerrand Charenton, xv° siècle. — Id.
4543. **Vie de saint Laurent et de saint Étienne**, xv° siècle. — Musée de Moulins.
4544. **Le Buisson ardent**, 1375. — Cathédrale d'Aix.
4545. **Triptyque**, xvi° siècle. — Cathédrale de Moulins.
4546. **Diptyque, le roi René et Jeanne de Laval**, xv° s. — M. Chalvrières-Arlès.
4547. **Triptyque, l'Adoration des rois**, xiv° siècle. — Église de Thenay.
4549. **Triptyque, par Jean Bellegambe, le Crucifiement**, xvi° siècle. — Cathédrale d'Arras.
4550. **Triptyque, par Jean Bellegambe, l'Adoration des bergers et des mages**, xvi° siècle. — Id.
4551. **La Consultation chez un procureur de Cambrai**, xvi° siècle. — Musée de Péronne.
4552. **Triptyque : Miracle de la sainte Chandelle d'Arras**, xvi° siècle. — Cathédrale d'Arras.
4553. **Deux panneaux**, xvi° siècle. — Musée d'Amiens.
4554. **La défense de Rhodes**, xvi° siècle. — M. le comte Chandon de Briailles.
4555. **Grand volet de triptyque**, xvi° siècle. — Musée de Mâcon.
4556. **Portrait de femme**, xvi° siècle. — Musée d'Aix.
4557. **La Duchesse de Roannez**, par Fr. Clouet. — M. de Maulde.
4558. **Quatre panneaux peints**, xvi° siècle. — Église de Chambly.
4559. **Une femme à sa toilette**, xvi° siècle. — Musée de Dijon.
4560. **Portraits équestres de Henri IV et Marie de Médicis**. — Musée de La Rochelle.
4561. **Portrait de Chardin**, par lui-même. — M°° Bureau.
4562. **Portrait de femme**, par J.-B. Chardin. — M. Dollfus.
4563. **Portrait de Rameau**, par J.-B. Chardin. — Musée de Dijon.
4564. **Portrait du cardinal de Fleury**, par Hyacinthe Rigaud. — Musée de Perpignan.
4565. **Portrait d'homme**, par Hyacinthe Rigaud. — M. Pacully.
4566. **Portrait du Régent**, par Hyacinthe Rigaud. — M. d'Auzac de Lamartinie.
4567. **Portrait du président Gaspard de Gaéidan**. — Musée d'Aix.
4568. **Portrait de femme**, par Largillière. — M. Deutsch de la Meurthe.
4569. **Portrait d'homme**, par Largillière. — M. Gérôme.
4570. **Portrait de Louis XV**, par Nattier. — M. Jules Beer.
4571. **Actrice jouant de la guitare**, par Drouais. — M°° Schneider.
4572. **Pastorale**, xviii° siècle. — M. G. Charpentier.
4573. **Le comte de Saint-Florentin**, par Tacque. — Musée de Marseille.
4574. **Enseigne de Gersaint, marchand de tableaux**, par Watteau. — M. Michel Lévy.
4575. **Vénus et l'Amour**, par François Boucher. — M. Scott.
4576. **L'Innocence enchaînée**, par J.-B. Greuze. — M. le baron Schlichting.
4577. **Monseigneur de Valras**, par J.-B. Greuze. — Musée de Mâcon.
4578. **Portrait de Rameau**, par J.-B. Greuze. — M. Gaston Joliet.
4579. **Portrait de jeune fille**, par J.-B. Greuze. — M. Pacully.

4580. Femme nue, attribuée à Vestier. — M. Scott.
4581. Portrait du cardinal de Noailles, par Ch. Monnet. — Musée de Perpignan.
4582. Amusements de l'Enfance, par J.-B. Bachelier. — Musée d'Amiens.
4583. Portrait de Louis XVI, toile, figure en pied, grandeur nature, par A.-F. Callet. — Musée de Grenoble.
4584. Portrait de femme, xviii° siècle. — Musée de Dijon.
4585. Portrait de femme, par Van Loo.
4586. Portrait de femme, par Nattier.
4587. L'Amour au carquois, par Fragonard.
4588. La Folie, par Fragonard.
4589. Portrait de femme, par Tocqué.
4590. Portrait de femme, par Heinsim.
4591. Portrait de femme, par Perronneau.
4592. Portrait de femme, portant un chien, xviii° siècle.
4593. Portrait de femme, xviii° siècle.
4594. Portrait de femme, xviii° siècle.
4595. Portrait de femme, par Taraval.
4596. Portrait de femme, xviii° siècle.
4597. Portrait de femme assise, par Vestier.
4598. Portrait de femme, par Mme Vigée-Lebrun.
4599. Portrait de femme et d'enfant, xviii° siècle.
4600. La Galerie du Louvre, par Hubert Robert.
4601. Une salle du Louvre, par le même.
4602. Paysage, par le même.
4603. Ruines d'Italie, par le même.
4604. Ruines d'Italie, par le même.
4605. Palais et Abreuvoir, par le même.
4606. Villa romaine, par le même.
4607. Paysage et fontaine monumentale, par le même.
4608. Le Parc d'Ermenonville, par le même.
4609. Le Parc d'Ermenonville, par le même.

XX

Sculpture.

4610. Mercure, grande statue en granit, ép. gallo-romaine. — Coll. Plicque.
4611. Statuette de femme. Albâtre. Ep. gallo-romaine. — Musée d'Agen.
4612. Danseuse pierre. Ep. gallo-romaine. — M. Bertrand, à Moulins.
4613. Jeune enfant couché, pierre. Ep. gallo-romaine. — Musée de Beaune.
4614. Petite pierre d'autel, marbre blanc. — Musée de Bourges.
4615. Petite pierre d'autel, marbre noir. — Musée de Cambrai.
4616. Un cavalier, un cheval, pierre, xi° siècle. — Musée de Limoges.
4617. Frise de la façade de l'église Saint-Paul-lez-Dax, xi° siècle. — Musée de Dax.
4618. Chapiteaux de l'abbaye de Saintes, xii° siècle. — Musée de Saintes.
4619. Chapiteau historié, xii° siècle. — Bibliothèque de Bordeaux.
4620. Chapiteau. Provenant de Bénat. Pierre, xii° siècle. — Musée de Tarbes.
4621. Chapiteau, Pierre, xii° siècle. — Id.
4622. Le signe du Lion et le signe du Bélier, xii° siècle. — Musée des Augustins, à Toulouse.
4623. Décoration du portail de l'Eglise de Morlaas. Moulages, xii° siècle. — Musée de Pau.
4624. Un lion et un aigle, de l'église Sainte-Marie, moulage xii° siècle. — Musée de Pau.
4625. Trois corbeaux de l'église de Lescar, xii° siècle.
4626. Chapiteau en pierre, décoré d'incrustations de bronze, xii° siècle. — Musée de Reims.
4627. Sept chapiteaux, xii° siècle. — Musée de Saint-Omer.
4628. Chapiteau de colonnettes jumelles, xii° siècle. — M. Alb. Maignan.
4629. Le Christ entre deux apôtres, xii° siècle. — Musée de Moulins.
4630. Fragments de tête de monstre, xii° siècle. — Musée de Moulins.
4631. Deux petits chapiteaux de Saint-Ruf. xii° siècle. — Musée d'Avignon.
4632. Trois chapiteaux, marbre, xii° siècle — Musée d'Avignon.
4633. Deux chapiteaux pierre, xii° siècle.
4634. Treize carreaux de pierre incrustés, xiii° siècle — Musée de St-Omer.
4635. La Vierge et l'Enfant, xiii° siècle — M. Alb. Maignan.
4636. Apôtre, pierre, xiv° siècle. — M. Alb. Maignan.

4637. Ange acroupi, marbre, xiv° siècle. — M. Alb. Maignan.
4638. Saint Benezet, marbre, xiv° siècle. — Musée d'Avignon.
4639. Ange debout, statue de marbre, xiv° siècle. — M. Schiff.
4640. Masque de femme, marbre, xvi° siècle. — Musée d'Arras.
4641. La Vierge de l'Annonciation, statuette, marbre, xiv° siècle. — M. Doistau.
4642. Trois statuettes agnouillées, marbre, fin du xiv° siècle. — M Gaston Lebreton.
4643. Chapiteau, xv° siècle. — Musée de Limoges.
4644. Six figurines en pierre inachevées, xv° siècle. — Musée de Grenoble.
4645. Vierge portant l'Enfant, marbre, xv° siècle. — M. Albert Bossy.
4646. Moine lisant, xv° siècle. — M. Etienne Moreau-Nélaton.
4647. Saint Denis, xv° siècle. — M. Etienne Moreau-Nélaton
4648. Abbesse, pierre, xv° siècle. — M. de Sainville.
4649. La Justice, pierre, xv° siècle. — M. de Sainville.
4650. Sainte Barbe, statue polychromée, xv° siècle. — M. Edmond Guérin.
4651. Le roi René, bas-relief. — Musée d'Aix.
4652. Buste de femme, pierre, xv° siècle. — M. le baron Oppenheim.
4653. La Vierge portant l'Enfant, pierre, xv° siècle. — M. Gaston Lebreton.
4654. Saint Jean-Baptiste, pierre, xv° siècle. — Musée de Moulins.
4655. Chef d'un saint évêque, pierre, xv° siècle. — Musée de Moulins.
4656. La Vierge portant l'Enfant, xv° siècle. — Musée de Moulins.
4657. Quatre pleureurs, tombeau de Philippe le Hardi, marbre, xvi° siècle. — M. le baron A. de Schickler.
4658. Quatre pleureurs, du tombeau du duc Jean de Berry, xv° siècle. — M. le marquis de Vogué.
4659. Tête de femme, marbre, xv° siècle. — Musée de Chartres.
4660. Chapiteau de pilastre, xvi° siècle. — Musée de Semur.
4661. Grand sphinx, à tête de femme, xvi° siècle, bronze. — Musée d'Aix.
4662. Tête de femme, xvi° siècle. — Musée de Moulins.
4663. Vierge, en albâtre, xvi° siècle. — Musée de Moulins.
4664. Gourde, reliquaire du xvi° siècle. — Musée du Puy.
4665. Deux anges musiciens, xvi° siècle. — Eglise Saint-Ayoul, de Provins.
4666. Deux figures de femmes, xvi° siècle. — M. Schiff.
4667. Sainte Barbe, xvi° siècle. — M. Ch. Gillot.
4668. La Force, xvi° siècle. — M. Kœchlin.
4669. Sainte Marthe, xvi° siècle. — M. Léopold Goldschmidt.
4670. Bas-relief: Jehan de Rostain, 1587. — M°° la baronne Merlin.
4671. Bas-relief, xvi° siècle. — Eglise Saint-Nicolas, Troyes.
4672. Jean de Morvilliers, par Germain Pilon. — Evêché d'Orléans.
4673. La Vierge et l'Enfant Jésus, marbre, par Germain Pilon.
4674. Henri IV d'après Dupré. — Musée de Dijon.
4675. Buste d'enfant, 1692. — Musée de Moulins.
4676. Uranie, par Jean Bologne. — Bronze. — M. le baron de Schlichting.
4677. Le cardinal de Richelieu, par Varin. — Bibliothèque Mazarine.
4678. Amphitrite, d'après Michel Anguier. — M. le baron de Schlichting.
4679. Deux petits bustes de femmes, bronze. Ep. de Louis XIV. — M Louis Mannheim.
4680. Deux femmes couchées, bronze, xvi° siècle. — Id.
4681. Buste de Mgr Moreau, xviii° siècle.
4681 bis. Louis XIV, d'après Girardon, fer fondu et ciselé. — M. Doistau.
4682. Buste de jeune femme, terre cuite, xviii° siècle. — M. René Dreyfus.
4683-4684. Sacrifice à l'Amour, terre cuite. — Musée de Mâcon.
4685. La Sculpture et l'Architecture, xviii° siècle. — Musée de Grenoble.
4686. Bacchus, terre cuite, xviii° siècle. — M. le D' Cornil.
4687. L'Assomption, groupe attribué à Pierre Puget. — M. le marquis de Boisgelin.
4688. Marsyas, figure attribuée à Pierre Puget. — M. le comte de Camondo.
4690. Voltaire, petit buste, bronze. — M. Ricard, à Marseille.
4691. Marie-Antoinette, tête en marbre, xviii° siècle. — M. Ricard, à Marseille.
4692. Buste de femme, terre cuite, xviii° siècle. — M. Haviland.
4693. Figure de femme provenant du château de Louveciennes, xviii° siècle. — M. Georges Hœntschel.
4694. Buste de femme terre cuite, xviii° siècle. — Musée archéologique de Nevers.
4965. Jupiter, attribué à Coysevox. — M. le baron Gustave de Rothschild.
4696. La Force, terre cuite, attribuée à Girardon. — Musée de Narbonne.
4647. Danseuse, marbre, xviii° siècle. — Grand Trianon.
4698. Joueuse de tambourin, marbre, xviii° siècle. — Grand Trianon.
4699. La Comédie, par Vassé. — Grand Trianon.
4700. Louis XV, par Le Moyne. — Palais de Fontainebleau.
4701. Louis XV. — Musée de Bordeaux.
4702. Buste d'homme, attribué à Pigalle. Terre cuite. — Musée Saint-Jean, à Angers.

4703. Le Cardinal de Polignac, marbre, par Bouchardon, xviiie siècle. — Evéché de Meaux.
4704. Madame de Fonville, par Defernex, 1759. — Musée du Mans.
4705. Statuette de femme, par J.-J. Caffieri. — M. Moïse de Camondo.
4706. Une Napolitaine, médaillon en plâtre, par J.-J. Caffieri. — Institut de France
4707. Euler, médaillon en plâtre, par Rabhette. — Institut de France.
4708. Pendule, les Trois Grâces, marbre, par E.-M. Falconet. — M. le comte Isaac de Camondo.
4709. Buste de Falconet, par lui-même, terre cuite. — M. Donop de Monchy.
4710. L'Amour, bronze. — M. le baron Schlichting.
4711. Amour debout, bronze, par E.-M. Falconet. — M. le baron de Schlichting.
4712. Vestale, par E.-M. Falconet. — M. Scott, à Paris.
4713. Baigneuse, par E.-M. Falconet. — M. Scott, à Paris.
4714. Vénus nue, par E.-M. Falconet. — M. Boy.
4715. Baigneuse assise, cire colorée, par E.-M. Falconet. — M. Leblanc-Barbedienne.
4716. Buste de femme, par Aug. Pajou. — M. H. Deutsch de la Meurthe.
4717. Buste, par Aug. Pajou, xviiie siècle. — M. Doistau.
4718. Buste de Dorat, 1771, terre cuite, par Aug. Pajou. — M. Ernest May.
4719. Le Rhin séparant ses eaux, par Clodion. — M. le docteur Cornil.
4720. L'Escarpolette, terre cuite, par Clodion. — Mme la baronne James de Rothschild.
4721. Flore et Pomone, terre cuite, par Clodion. — Musée de Mâcon.
4722. Quatre bas-reliefs en terre cuite, par Clodion. — Musée de Cherbourg.
4723. Bacchant et bacchantes, par Clodion. — M. Moïse de Camondo.
4723 bis. Deux petits bustes, par Marin. — Mme Tony Dreyfus.
4724. Deux petits bustes, par Clodion. — M. Moïse de Camondo.
4725. Tritons et Néréides, frise en terre cuite, par Clodion. — M. Haviland.
4726. Deux amours, terre cuite, par Clodion. — M. Jules Protat.
4727. L'Effroi, par Clodion, 1799. — M. Ladan-Bockary.
4728. Deux figures d'enfants, par Clodion. — M. d'Albenas.
4729. Cinq médaillons en terre cuite, par Nini. — M. Gustave Dreyfus.
4730. Tête d'enfant, terre cuite, xviiie siècle. — G. Dreyfus.
4731. Deux médaillons, par Nini. Musée de Dijon.
4732. Portrait de Madame Péru, par J.-B. Péru. — Musée d'Avignon.
4733. Voltaire, statuette albâtre, par Joseph Rosset. — M. Jolict.
4734. Médaillon ovale, attribué à Marin. — Musée de Moulins.
4735. Modèle de pendule en terre cuite, par Marin. — M. Klotz.
4736. Deux petites figures d'amour, par Marin, terre cuite. — Id.
4737. Sabine Houdon, fille du sculpteur, par Houdon, 1791. — M. Rueff.
4738. Petit monument portant le buste de M. de Livry, p. Gois. — Inst. de France
4739. L'Amitié, terre cuite par Lorta. — Grand Trianon.
4740. Un berger, petite statuette, terre cuite. — Grand Trianon.
4741. Deux bustes de femmes, par Deseine, 1784, terre cuite. — Mlle Stein.

4742-4774. Collection de verres antiques. — M. Boulanger, à Péronne.

TABLE

	Gravures. Pages.	Catalogue Pages.
Ivoires.	1	263
Bronze, Dinanderie, Plomb, Etain.	24	266
Fer, Armes, Serrurerie, Coutellerie.	»	270
Céramique.	35	272
Orfèvrerie.	60	286
Bijouterie, Joaillerie, Horlogerie.	59	291
Émaux champlevés.	76	292
Émaux peints.	»	295
Ameublement.	165	298
Bois.	145	301
Tapisseries.	230	303
Tissus, Broderies.	35	305
Cuir, Reliure.	238	305
Manuscrits et Enluminures.	104	306
Miniatures et Éventails.	»	307
Monaies.	»	307
Médailles.	»	307
Sigillographie française.	»	308
Peinture.	240	308
Sculpture.	244	309
Verrerie.	266	311

Paris. — Typ. Chamerot et Renouard, 19, rue des Saints-Peres. — 39531.

La librairie d'Art L. BASCHET, 12, rue de l'Abbaye, Paris, qui, depuis vingt-deux années publie le *Catalogue Illustré* du **SALON**, a édité les trois catalogues illustrés des Beaux-Arts, à l'Exposition Universelle de 1900, savoir :

Catalogue illustré officiel de l'Exposition rétrospective de l'Art Français
DES ORIGINES A 1800

Catalogue illustré officiel de l'Exposition centennale de l'Art Français
DE 1800 A 1889

Catalogue illustré officiel de l'Exposition décennale des Beaux-Arts
DE 1889 A 1900

Chaque volume broché, **3 fr. 50**. — Relié, **5 francs**.

L'ouvrage le plus complet et le plus exact sur l'Exposition *est*

Le PANORAMA

de l'Exposition Universelle
de 1900

publié par l'Éditeur Baschet, 12, rue de l'Abbaye, Paris, et mis en vente sur toutes les tables et dans tous les Kiosques du **Catalogue officiel** *à l'Exposition.*

Le **PANORAMA** *comprendra 20 numéros de 16 pages 28 × 35 représentant tous les Palais et toutes les Attractions de l'Exposition.*

60 Centimes le numéro.

www.ingramcontent.com/pod-product-compliance
Lightning Source LLC
Chambersburg PA
CBHW052240220526
45471CB00001B/123